被误解的三国

廖彦博

著

中国出版集团　现代出版社

版权登记号：01-2020-1229

图书在版编目（ＣＩＰ）数据

被误解的三国 / 廖彦博著. －－ 北京：现代出版社，
2020.3
ISBN 978-7-5143-8506-9

Ⅰ.①被… Ⅱ.①廖… Ⅲ.①中国历史－三国时代－
通俗读物 Ⅳ.①K236.09

中国版本图书馆CIP数据核字(2020)第058800号

被误解的三国

著　　者　　廖彦博
责任编辑　　姜　军
出版发行　　现代出版社
地　　址　　北京市安定门外安华里504号
邮政编码　　100011
电　　话　　(010) 64267325
传　　真　　(010) 64245264
网　　址　　www.1980xd.com
电子邮箱　　xiandai@vip.sina.com
印　　刷　　北京尚唐印刷包装有限公司
开　　本　　787 mm×1092 mm　1/16
印　　张　　15
字　　数　　142千字
版　　次　　2020年6月第1版　2020年6月第1次印刷
书　　号　　ISBN 978-7-5143-8506-9
定　　价　　56.00元

作者序

被误解的三国

文/廖彦博

　　能够写一本以三国时代历史为主题的书，是我一直以来的梦想。虽然在大学和研究所读的都是中国近现代史，可是我自己算算：打从初一在386单色电脑上玩日本光荣公司出品的《三国志Ⅰ》起，对三国时代历史和人物投入的兴趣和时间，大概比投入自己的本业的还要多上好几倍。

　　我写这本书的主要目的是借着正史和小说的对话，让大家更进一步地认识真实的三国人物和历史。即使时至今日，三国人物的谋略都还是商业策略、政治权谋学习的最佳范本，很多词汇比如"三顾茅庐""苦肉计""说曹操，曹操到"也还在被现代人频繁使用。问题在于，我们脑海中的"三国"印象是刘皇叔爱哭、诸葛孔明可以召唤天兵天将、曹操被困华容道的"小说三国"，还是刘备不但不哭还很坚强、曹操发明锦囊妙计、"草船借箭"其实是孙权不小心闯出来的"正史三国"。除了小说里虚构的三国，我们也应该知道真正的三国，还有小说和历史之间的差异，把

文学想象的"小说三国"拓展、丰富成波澜壮阔的"历史三国"是我写这本书的一点小动机。

在比较小说和历史的差别时，主要的根据是《三国志》《后汉书》《资治通鉴》等正史，凡是引用原文的地方，在白话文翻译的后面，我通常都会在括号里附上原文。另外，我还借重和参考了许多当代台湾与大陆学者的看法，在这里要说明的是：因为这本书的对象不是研究中国历史的专家学者，而是对三国有兴趣的大众读者，所以没有按照学术著作的要求去标出引用来源，但是在提到他们独到的见解时，我都会在行文中注明。

因为小说形象和正史形象的不同，我在提到某些人物，比如诸葛亮和关羽时，做了一些区别：凡是以"孔明"来称呼的，指的都是小说里的诸葛军师；而当我说"关羽"而非"关公"时，指的是三国史上的大将关羽，而不是民间故事里义薄云天的关圣帝君。

在这里要特别感谢好读出版社总编邓茵茵、编辑铭桓对我的宽容，还有他们对这本书进行的细心的编排和设计，帮我一圆少年时的三国梦。如果书里有任何论点或是史料引用的谬误，欢迎读者批评指教！

目 录

三国时代到底是指哪段时间？

> 话说天下大势，分久必合，合久必分。周末七国纷争，并入于秦。及秦灭之后，楚、汉纷争，又并入于汉。汉朝自高祖斩白蛇而起义，一统天下。后来光武中兴，传至献帝，遂分为三国。
>
> 《三国演义》第一回

　　从东汉献帝初平元年（190年）各路诸侯起兵讨伐董卓，到西晋武帝太康元年（280年）吴国灭亡的这九十年，称为"三国时代"。三国指的是曹丕篡汉建立的魏（220年）、刘备在四川建立的汉（通称蜀汉，221年），以及孙权在长江中下游建立的吴（229年）。之所以把三国鼎立前三十年的东汉历史也列入三国时期，是因为有许多影响三国历史的人物（比如曹操、孙策、袁绍、刘表）和事件（例如官渡之战、赤壁之战）出现于此时期。

　　三国是战争的年代。自从东汉末年黄巾起义以后，朝廷为了平定乱局，把经济、军事大权下放给地方行政长官（州牧），结果造成军阀割据的局面。这些大小军阀在中原地区混战，企图吞并对方，最后曹操和袁绍脱颖而出。曹操挟天子以令诸侯，战略正确；袁绍家世高贵，兵多将广。双方在建安五年（200年）进行决战，结果曹操获胜，统一了北方。

　　接着，曹操积极准备南征，想要统一天下，但是在建安十三年（208年）遭受了挫折。这时出身河北、在徐州发迹的刘备和长江下游的孙权集团结盟，组成联军，在赤壁打败曹操的大军。自此形成了三分天下的雏形：曹操败回北方，孙权和刘备平分荆州。之后刘备入蜀，夺取益州，又和曹操争夺汉中；曹操平定北方游牧民族、扫荡关中地区的残余军阀；孙权则在淮河流域和曹操发生多次战斗，并且在建安二十四年（219年），趁关羽和曹操战争时，夺取了刘备集团的荆州部分地区。刘备东征复仇，却在章武二年（222年）的夷陵之战中失败。三国的版图，就此确定。

黄巾之乱造成东汉末年群雄割据的局面。图为清代插画，描绘刘备、关羽、张飞讨伐黄巾贼的场景。

刘备死后，蜀汉由诸葛亮执掌朝政，他整军经武，从建兴六年（228年）起对魏国发动了一系列北伐战争，但是并没有获得重大胜利。曹魏和东吴则陷入内战与政治斗争当中：司马懿父子在魏明帝曹叡死后，逐渐掌握朝中大权，魏国权贵试图反抗，发生多次内战。吴国在孙权死后，权臣拥立年幼的皇帝，把持政权，一连发生多起政变。最后，由司马家族所控制的魏国，先消灭了统治相对较稳定的蜀汉（263年），接着篡位，建立晋朝（265年）。经过和东吴对峙，魏国终于渡过长江，统一了中国（280年）。

三国同时也是人才辈出的年代。各种军事、外交、政治上的策略层出不穷。清代学者赵翼说过，三国人才之盛，把魏、蜀、吴三组人马其中之一放在其他时代，都足以开创统一王朝！除了征战杀伐的英雄豪杰，三国也有才高八斗的文人墨客，他们都是正史与小说所歌颂的对象。当然，在阅读这段历史时，我们也不能忘记：在这个动乱的大时代里，还有成千上万没有留下姓名、被战争波及或是为生活而艰苦奋斗的平民百姓。

《三国志》和《三国演义》
有什么区别？

> 滚滚长江东逝水，浪花淘尽英雄。是非成败转头空。青山依旧在，几度夕阳红。白发渔樵江渚上，惯看秋月春风。一壶浊酒喜相逢。古今多少事，都付笑谈中。
>
> 　　　　　　　　　　　　　　　　　《三国演义》卷首词

《三国志》是中国二十五史当中的一部，记载了由东汉末年到西晋统一中国之间的历史，是一部正史；《三国演义》则是中国"四大奇书"之一（其余三本是《金瓶梅》《水浒传》与《西游记》），是一百二十回的长篇章回历史小说。

《三国志》的作者是陈寿。陈寿（233—297年），字承祚，巴西郡安汉（今四川南充北）人，年轻时在蜀汉担任观阁令史（约等同于国家图书馆研究员），蜀汉灭亡之后在晋朝为官。陈寿私自写作三国的历史，共六十五卷，后来被合称为《三国志》。

当时其他许多人也在撰述三国历史，但陈寿的版本取材审慎，文笔简洁，得到的评价最高。据说夏侯湛在看到陈寿的《三国志》后，自叹不如，就把自己正在撰写的《魏书》毁去，封笔不写。陈寿的《三国志》以曹丕所创建的魏国为正统，只有魏国皇帝的传记叫作"纪"，蜀、吴的君主都称"传"，也都采用魏国年号纪年。

但是《三国志》并非没有缺点。由于叙事太过简略，以及其中尊魏国为正统的做法，引起后世许多人对其进行议论和补充，于是一百多年后，当时南朝宋文帝刘义隆命令裴松之（372—451年）校注《三国志》。裴松之收集各种史料，以弥补《三国志》的不足，或者引用与《三国志》说法不同的记载，互相比对。根据历史学家杨耀坤的统计，裴松之引用了二百二十九种当时的书籍，对《三国志》正文的注释及补充多达两千零六十六处！裴松之为《三国志》注解，保留了许多现在已经失传的文献资料，补充了许多在陈寿原书上没有记载的人、事。这都是裴注的贡献。所以，后世印刊《三国志》时，都合"陈志"和"裴注"为一本。

《三国演义》的作者，现代学者公认是罗贯中。据说罗贯中是山西太原府祁县人，他的生平，只见于他朋友贾仲明的《录鬼簿续编》里。罗贯中早年曾经有争霸天下的雄心（有志图王），元代末年天下大乱，他投身在割据一方的张士诚麾下担任幕僚。后来张士诚被朱元璋打败，罗贯中就隐居起来，收集、整理隋唐以来的民间三国故事与说书版本。明朝建立后，罗贯中在朝廷的默许下，撰成《三国演义》一书。《三国演义》后来又由毛宗岗父子校注、修正，今天我们耳熟能详的卷首词"滚滚长江东逝水，浪花淘尽英雄"就是毛氏父子加上去的。

《三国志》和《三国演义》的差别很大。虽然小说以陈寿的《三国志》和裴松之的注释作为主要取材对象，但罗贯中把他耗尽一生都没办法实现的志业和抱负，都写进了《三国演义》的英雄争霸里。所以，《三国演义》以

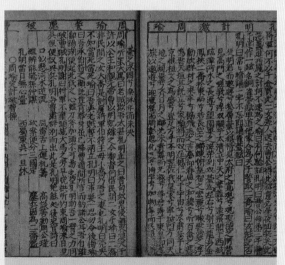

罗贯中所著《三国演义》与正史《三国志》内容差异很大。

刘备建立的蜀汉为正统，也以其为故事的主线。小说前半部的主角是刘备、关羽、张飞等人，后半部的则是诸葛亮、姜维；在正史里是正面人物且篇幅最多的曹操、司马懿等人，在小说里担任反派，形象很差；至于东吴的孙坚、孙策、孙权父子，戏份最少。另外，罗贯中也在小说当中掺杂了很多"天命不可知"观念，比如诸葛孔明虽然神鬼莫测，可是最后还是"出师未捷身先死"，这似乎是罗贯中对自己壮志未酬的一种影射。

曹操到底是
英雄还是奸雄？

太祖运筹演谋，鞭挞宇内，揽申、商之法术，该韩、白之奇策，官方授材，各因其器，矫情任算，不念旧恶，终能总御皇机，克成洪业者，惟其明略最优也。抑可谓非常之人，超世之杰矣。

《三国志·武帝纪》

谈论三国人物时，曹操绝对是形象最多、最复杂的。那么，撇开《三国演义》"乱世奸雄"的"白脸曹操"评价不谈，我们该怎么认识正史上的曹操呢？

年轻的曹操，是个严格执法的热血官吏。虽然其父亲曹嵩曾担任太尉高官，但因为是宦官养子，曹操的家世并不算好。曹操小时候其貌不扬且身材矮小，也不认真读书，但他脑筋非常灵活，极会临机应变。他长大后靠父亲的关系，担任洛阳北部尉（相当于首都公安局北区分局局长）。在任期间，曹操认真执法，专打"大咖"（"咖"源于闽语，意为"人物"。"大咖"即在某个领域里比较成功的人，按照名气、成就等级划分，还有"A咖""B咖""C咖"等不同称呼），因此得罪了宦官集团，不久就被免官了。即便如此，曹操仍然冷静地观察天下格局，他希望有朝一日能够结合众人的力量，帮助朝廷稳定动乱的政局，使痛苦的百姓获得安宁。

但那些出身高贵的名门豪族，为了争权夺利而显露出的丑恶言行，让曹操一再失望。于是他决定靠自己的努力来平定天下。为了达到这个目的，曹操压抑自己的喜恶，依法行政，用人唯才。他能够原谅杀害自己长子、爱将的仇敌（如张绣）；器重的人才想要离去，他也能容忍（比如关羽）；他勇于承认自己的过错，把功劳归给部下。正因此，曹操能够聚集最多的人才，采用最适当的策略，在群雄当中脱颖而出。

曹操同时还是一位军事理论家和诗人。曹操饱读诗书，曾经注解《孙子兵法》，他用兵、练兵的才能，连敌对阵营的诸葛亮都称赞；而因为多年征战，看尽生死流离，加上长期受头痛的宿疾困扰，曹操对于人生有悲观而透彻的看法，反映在他的诗作上，形成了一种格局开阔、雄浑悲凉的格调。既能写诗著书，又能赤手空拳开拓局面、亲上前线的军政领导人，整个三国时代，也只有曹操一人！

东汉皇帝只是曹操的傀儡。图为曹操杀了董承后，进宫欲杀董贵妃，献帝不敢阻止的场面。

不过，曹操晚年野心膨胀，追求个人权势的欲望压过了平定天下、安定百姓的初衷。因此他和几位早年一起打拼的干部翻脸，导致了这几位干部的悲剧性结局。曹操虽然为东汉朝廷扫清军阀，但他把皇帝当成傀儡，毫不尊重，还逼死伏皇后、毒杀皇子，这些恶行重创了曹操的形象，也对当时的社会风气造成了极差的影响。

其实我们该公平地说：曹操是三国时代的头号人物！他的政治才干、民间声望、军事素养、文学作品甚至他平定天下的雄心壮志，在当时都无人可比，也无愧于陈寿所说"非常之人，超世之杰"的评价。

所以，曹操是不是奸雄？当然是！曹操是"奸诈的英雄"！但自古以来，哪一位成就大事业、开创大局面的英雄是不奸不诈、心慈手软的呢？

刘备的天下
真的是哭来的吗？

> 先主之弘毅宽厚，知人待士，盖有高祖之风，英雄之器焉。及其举国托孤于诸葛亮，而心神无贰，诚君臣之至公，古今之盛轨也。机权干略，不逮魏武，是以基宇亦狭。然折而不挠，终不为下者，抑揆彼之量必不容己，非唯竞利，且以避害云尔。
>
> 《三国志·先主传》

　　身为《三国演义》的男主角，刘备具有很极端的形象：他既是小说里那个仁义之主，又是一个爱哭、会逃跑的伪君子，甚至有句歇后语说，"刘备的天下——哭来的"。正史上的刘备真是这样的吗？

　　关于历史上的刘备，有个很奇怪的现象：他没有地盘，可是有人（如徐州牧陶谦，益州张松、法正）奉送给他；他常被打败，单独一人逃走，可是群雄（如吕布、袁绍、曹操、刘表）都愿意收留他。换句话说，刘备这人二十四岁左右出道，混了二十多年，只有声望，没有战绩，但没有人敢小看他，还把他当英雄看待。

　　为什么？这就是"历史刘备"的头一种特质：得人缘。我们先从刘备的性格和出身说起。刘备出身平民（他自称汉朝宗室的后代），小时候和母亲以编织、贩卖凉席为生。少年时的他不喜欢读书，每天穿得很"潮"，往酒店跑，赌赛马、赛狗。长大后的刘备话很少，为人谦虚，很少表露自己心里在想什么（所以并不爱哭），但很有义气、讲信用，乐意认识三教九流的朋友。果然，他很快聚集起一支队伍，参加镇压黄巾之乱，关羽、张飞这两员忠心耿耿的大将，也就是这时候加入他阵营的。陈寿说刘备很像他的祖先汉高祖刘邦，其实刘邦粗俗爱骂人，刘备却心胸开阔、举止大气，在这点上比刘邦更有魅力。

更令群雄不敢小看的是，刘备不但政治嗅觉敏锐，心中还有远大的志向。经过多年的征战，周旋在中原各大小军阀之间，刘备逐渐领悟到：他是不可能和曹操和平共处的，身为汉室后裔，他应该号召天下，恢复汉朝，建立一个以他为中心的新政权。可见刘备虽然东奔西走，常被打得落荒而逃，却也从中培养出了争夺天下的雄心壮志，以及即使穷途潦倒也不放弃不认输的精神。正是像这样屡败屡战，艰苦奋斗，他才能在年近半百的时候请到诸葛亮相助。英雄终于有了用武之地。

可见刘备的江山不是靠眼泪哭来的，而是靠他坚韧的斗志和　群长期追随他的忠实干将，再加上诸葛亮的正确战略，共同奋斗拼出来的！不过刘备毕竟在政治谋略和行军打仗上不如曹操，加上他得到诸葛亮相助时，曹操已经北定中原，东吴的统治根深蒂固，所以他的地盘是三国当中最小的。虽然晚年的刘备决策时变得感情用事，以至于夷陵之战惨败，但他到临终前，依然神志清明，毫无杂念，把新生而脆弱的蜀汉托付给诸葛亮，保住了一生奋斗的事业。这样看来，正史上的刘备，确实是英雄人物！

正史上的刘备心胸开阔、折而不挠、败不气馁，最终成功建立蜀汉政权。

江东为什么是孙家天下？

孙坚勇挚刚毅，孤微发迹，导温戮卓，山陵杜塞，有忠壮之烈。策英气杰济，猛锐冠世，览奇取异，志陵中夏。然皆轻佻果躁，殒身致败。

《三国志·孙破虏讨逆传》

孙权屈身忍辱，任才尚计，有勾践之奇，英人之杰矣。故能自擅江表，成鼎峙之业。然性多嫌忌，果于杀戮，暨臻末年，弥以滋甚。

《三国志·吴主传》

《三国演义》当中，对东吴孙氏政权的着墨最少。在东汉末年群雄并起的局面下，孙家凭借什么能够主宰江东近九十年？

孙家能够发迹，起于孙坚。孙坚，吴郡富春（今浙江杭州富阳）人，据说是战国时代兵法大师孙武的后代。孙坚本来只是个在县衙打杂的约聘人员（县吏），但他十七岁时，就单枪匹马击退海贼，之后靠着战功，一路升官封爵到长沙太守、乌程侯。董卓乱政的时候，各路诸侯联合反董，孙坚最为英勇善战，单独攻入洛阳。之后他依附在袁术阵营，在奉命攻击荆州刘表的时候，战死在前线，年纪不过三十七岁。孙坚遗留给子孙的，与其说是政治资本，倒不如说是神勇无敌的"战神"基因。

孙家立足江东，其实奠基于孙坚的长子孙策。孙坚战死时，孙策还是个少年，所以暂时在袁术麾下栖身。《三国演义》里，孙策被称为"小霸王"，意思是他很像秦末西楚霸王项羽。史书上说，孙策长相俊俏，心胸开阔，爱开玩笑，很能听取旁人建议，且善于提拔、使用人才，所以文武官员、将士百姓，无不乐意为他效命。光是这一点，孙策就强过项羽很多了！孙策带着父亲的老干部和自己招募的人才（如周瑜、张昭），离开袁术回到江东，一连好几战，孙策身先士卒，所向无敌。连曹操听到了，都说"猘儿（年少勇猛的人，指孙策）难以争锋也"。事实上，在曹操和袁绍在官渡僵持不下的同时，孙策正在策划用轻装骑兵袭击许都，迎奉汉帝！不幸孙策遭到刺杀，使此计谋无法实现。假使这个计划成功，曹操的命运，甚至整部三国史都可能改写！孙策死时才二十六岁，他简直可以说是中国的亚历山大大帝了！

孙策遇刺身亡时，大弟孙权才十九岁，仓皇继承孙家领导人的职务。正如《三国志》作者陈寿所评论的，孙坚、孙策父子，虽然骁勇善战，但是都死在自己个性浮躁冲动这个大缺点上。孙权则稳重得多，冲锋陷阵不是他的专长，忍耐等待却是他的强项。除了继续重用父、兄留下的干部，孙权还不断挖掘人才、开疆拓土，比如起用鲁肃、吕蒙、陆逊等人，平定山越，攻夺荆州，航海探险夷洲（传说是今日的台湾）等。东吴帝国的版图，在孙权时期大致确定。

在孙权的领导下，东吴逐渐从孙坚、孙策的"战斗团"转型为与刘备、曹操争夺天下的政治集团。可是，孙家好勇斗狠、凡事用暴力解决的遗传性格，毕竟还根深蒂固地留在孙氏政权里，尤其是到了孙权晚年，更为严重，这也间接造成了东吴的灭亡。

孙坚是孙策、孙权的父亲，传下了"战神"基因。

刘、关、张桃园三结义与年龄之谜

> 三人焚香再拜而说誓曰："念刘备、关羽、张飞，虽然异姓，既结为兄弟，则同心协力，救困扶危；上报国家，下安黎庶。不求同年同月同日生，只愿同年同月同日死。皇天后土，实鉴此心，背义忘恩，天人共戮！"
>
> 　　　　　　　　　　　　　　　　　《三国演义》第一回
>
> 誓毕，拜玄德为兄，关羽次之，张飞为弟。
>
> 　　　　　　　　　　　　　　　　　《三国演义》第一回

　　"桃园三结义"是《三国演义》第一回的主要内容，刘备、关羽、张飞三个人在一片桃花盛开的林子里结拜为兄弟也是大家耳熟能详的场景。刘、关、张兄弟三人生死不渝的兄弟义气，更是贯穿《三国演义》的故事主线：当关羽知道大哥刘备的消息，不辞辛苦，千里走单骑去与落魄潦倒的刘备会合；当关羽兵败被杀，刘备不顾一切起兵为他报仇。这一切在桃园三结义"不求同年同月同日生，只愿同年同月同日死"的誓词衬托下，显得非常合情合理。

　　但是，在正史上的记载，又是如何呢？

　　遍查陈寿的《三国志》，没有刘备、关羽、张飞结拜为异姓兄弟的记载。刘备在汉灵帝中平元年（184年）响应朝廷号召，组织民兵与黄巾党作战，关羽和张飞都是第一批加入刘备这支小部队的基本干部。根据《三国志》的记载，刘备在这个时期，每天和关、张二人"睡觉都在一起，恩情有如兄弟"（寝则同床，恩若兄弟）；关、张则整日护卫刘备，忠心耿耿。另外，《三国志》里说，张飞比关羽小几岁，所以"把关羽当成兄长般侍奉"（以兄事之）。上述这些记载，或许是历代《三国志平话》到《三国演义》一类章回小说作者们杜撰"桃园三结义"的范本。但事实上，恩情有如兄弟，不代表真正结为兄弟；把关羽当兄长般侍奉，也不表示张飞与关羽义结金兰。

不过刘备与关、张两人的密切关系，确实在正史上有记载。刘备的整个事业，关、张二人出力最多，而且忠心耿耿，即使在刘备被打得大败，颠沛流离的时候，二人也都不离不弃。关羽北伐，威震华夏；张飞在长坂坡，力退曹军。两人是刘备阵营当中，最具有"国际知名度"的将领。在关、张两人分别遇害后，刘备决心起兵攻打东吴复仇，东吴急忙派诸葛亮的兄长诸葛瑾求和，他对刘备说："关羽和先帝（这里指被曹丕逼迫逊位的东汉献帝刘协），哪一位对陛下来说比较亲近呢？"关羽能够被拿来和皇帝相提并论，可见刘备和他的干部之间深厚的情谊了！

桃园三结义是《三国演义》中大家耳熟能详的场景之一。

关羽字云长,张飞字益德(《三国演义》中的"翼德",是不正确的),研究三国的知名学者糜梦庵先生怀疑他们两人本来另有名字,关羽、张飞可能都是刘备后来改取的。如果和赵云(字子龙)的名字合在一起看,的确颇有"飞云腾龙,增益刘备"(字玄德)的意思。

而根据史实,所谓"刘、关、张"的排序,其实也大有蹊跷。查考史籍,如果刘备不是三人之中年纪最长的,那为什么大家总是把他当作"桃园三结义"的大哥呢?

前面我们讲到所谓"桃园三结义",其实是小说家的杜撰,历史上并无此事。那么问题就来了:在正史里,刘备、关羽、张飞三人谁的年龄最大? 为什么刘备可以当上大哥呢?

先根据历代史家的考证来推定三人的年龄:桃园结义时刘备的年纪,在《三国演义》里交代是二十八岁。正史中没有记载刘备哪年出生,《三国志·先主传》里只说他死于蜀汉章武三年(223年),"时年六十三",古人论岁数都是算虚岁,从这里倒推回去,刘备的生年应该是东汉桓帝延熹四年(161年),那么桃园结义时(东汉灵帝中平元年),刘备应该是二十四岁。

关羽的生年,《三国志》也没有记载,不过根据书上说"羽年长数岁,飞兄事之"的关系来看,关羽比张飞年长是没有问题的。那关羽与刘备谁年长呢? 近代以来,学者综合各种考古发现以及史料考证指出:关羽生于延熹三年(160年),所以,从清初开始,就有"关羽其实比刘备年长"的论断出现。至于张飞的生年,正史中同样也没有记载,《三国演义》中说张飞被刺时"时年五十五岁",根据有的清代学者考证,张飞死时(221年)可能为五十七岁。

从以上的生卒年推断,如果在灵帝中平元年真有那么一场桃园结义的话,那么关羽(时年二十五岁)应该是刘备(时年二十四岁)和张飞(时年二十岁)的大哥呀! 那刘备为什么一直被认为是三结义的大哥呢?

　　民间流传着一些三人结拜时的故事,比如,张飞提议以爬树决定谁兄谁弟,并且一马当先爬上树梢;关公慢了一拍,爬到树干;刘备却不慌不忙地摸着树根笑说:"树先有根方有枝,所以是先有我才有两位贤弟呀!"这种传说可能是为了使刘备"大哥"的角色合理化而产生的。

　　撇开文学和民间传奇,从历史的角度来讲,刘备是这个政治军事集团的头儿,他当"老大"又有什么好怀疑的呢?

张飞真的是个
莽撞的大老粗?

> （张飞）直奔后堂，见督邮正坐厅上，将县吏绑倒在地。飞大喝："害民贼！认得我吗？"督邮未及开言，早被张飞揪住头发，扯出馆驿，直到县前马桩上缚住；攀下柳条，去督邮两腿上着力鞭打，一连打折柳条十数枝。玄德正纳闷间，听得县前喧闹，问左右，答曰："张将军绑一人在县前痛打。"玄德忙去观之，见绑缚者乃督邮也。玄德惊问其故。飞曰："此等害民贼，不打死等甚！"
>
> 《三国演义》第二回

　　话说在《三国演义》第二回中，刘备因征讨黄巾有功，担任安喜县尉（相当于现在的县公安局局长）一职。某日上级（督邮）来县视察，态度高傲，索贿不说，还鱼肉百姓，张飞实在气不过，干脆把这个可怜的老兄绑在县衙前的马桩上痛扁。自己的部下干出这种"暴行犯上"的事儿来，刘备这个安喜县尉当然是当不下去了，于是连忙卷铺盖走人，逃亡去也。《三国演义》里张飞的火暴性格，"鞭打督邮"是第一次登场，接着又有"三顾茅庐""大闹长坂桥""义释严颜"等故事，"莽张飞"的形象也从此深入人心。

　　在《三国演义》里，形象的塑造，如曹操之"奸"、关公之"义"、孔明之"智"和张飞之"莽"都很深入人心，比如张飞的初次登场，说他"身长八尺，豹头环眼，燕颔虎须，声若巨雷，势如奔马"，一个北方莽汉的形象就跃然纸上了。不过，历史上的张飞，真是这样一个莽撞的粗汉吗？

　　先说鞭打督邮，虽有其事，但闯下这等祸事的是刘备本人（所以说刘备不止会哭、会逃跑，他还有火暴脾气）。再说，张飞义释严颜、长坂桥布置疑兵，都是明载于史书的事。当刘备入蜀后，张飞也展现出独当一面的能力，独自率领一支部队增援；之后他担任巴西太守时，更与魏国名将张郃对峙，最后出奇兵击溃魏军。这些事实反映出张飞智勇双全的一面。这样说来，张飞似乎不是大字不识、只知道挥舞丈八蛇矛的莽汉，民间还流传着不少张飞善于草书、绘画的传说。另外，张飞还非常敬重知识分子，刘备平定益州后，张飞第一个拜访的就是成都名士刘巴。

至于张飞的容貌，史书上并没有描述，但是应该和小说中所说的线条峥嵘、豹头环眼的模样有些距离。为什么呢？张飞的两个女儿，先后成为后主刘禅的皇后（即大小张后），虽说古时皇帝选后妃，讲究德容并茂，既要贤惠，又要漂亮，但

张飞在史书记载中展现出其智勇双全的一面，不像《三国演义》描写的那般只是个大老粗。

如果姐姐大张后长得像爸爸张飞，那已经错了一次的后主，无论如何是不可能再上当一次，娶妹妹入宫的。从这里推论：必定是大张后的容貌有某种程度的"口碑"。因此我们可以想象，历史上张飞真正的容貌，可能和小说里的大不相同，也许张飞相貌堂堂、仪表不凡呢！

董卓真是东汉灭亡的
头号元凶？

> 却说前将军、鳌乡侯、西凉刺史董卓，先为破黄巾无功，朝议将治其罪，因贿赂十常侍幸免；后又结托朝贵，遂任显官，统西州大军二十万，常有不臣之心。是时得诏大喜，点起军马，陆续便行；使其婿中郎将牛辅守住陕西，自己却带李傕、郭汜、张济、樊稠等提兵望洛阳进发。
>
> 《三国演义》第三回

东汉末年宦官乱政，把持朝廷，国舅大将军何进听从袁绍建议，召唤驻守在边境的董卓入京杀宦官。但何进还没等外兵进城，就和宦官展开厮杀，最后同归于尽。结果是送走豺狼，又迎来虎豹。董卓带领西凉兵进占洛阳，专断朝政，残暴跋扈，废了少帝刘辩，改立陈留王刘协为皇帝。

董卓是个什么样的人物？他早年到西凉（今甘肃）一带发展，因为镇压羌民立有战功，也是拥兵自重的军阀之一。他进京后，挟持天子离开洛阳到他的根据地长安。垄断朝廷政权后，董卓也把军阀残忍野蛮的风格带进中央来：凡是与他意见不同者，当场杀死；又僭用（不合礼法）皇帝的服饰样式和马车规格，在朝堂内外都安插亲信，作威作福。

董卓是历史上评价极其负面的人物之一，各路诸侯讨董卓常被视为三国时代的开始。

陈寿评论董卓"暴虐不仁"，说是文字发明以来仅见（自书契以来，殆未之有也）。后来司徒王允使用反间计，挑拨董卓与大将吕布的感情，借吕布之手诛杀董卓。董卓身躯肥胖，裴松之引用《英雄记》中的说法：董卓死后，守尸士兵在他的肚脐上插上灯芯，当成蜡烛点燃，结果照的夜空亮如白昼，一连烧了好几天都不熄灭。

董卓乱政，因此引出各路诸侯以讨伐董卓为名，起兵反对中央。在小说中，这为逐鹿中原的各路英雄提供了崛起的舞台；而在历史学家的眼中，日渐衰颓的东汉王朝并非亡于黄巾民变，反倒是宦官乱政以及之后的董卓专政，让奄奄一息的中央政府趋于瓦解。所以，很多学者都把各路诸侯共讨董卓当作三国时代的开始。

董卓就是摧毁东汉的头号元凶吗？其实不是的。真正让东汉大一统局面一去不复返的，其实是参与反董的各路诸侯，以及当时拥兵自重的地方州牧，也就是袁绍、刘表、刘焉这些人。著名史学家钱穆先生在《国史大纲》里已经明确指出：这些出身高贵的名士们，当时其实一个个心怀鬼胎。他们不是怀着拖垮中央政府，自己取而代之的野心，就是想要闭境自守，当起独立王国的小国王。后来虽然有曹操起兵收拾乱局，但是他也缺乏一个"坦白响亮的理由"来建立新的中央权威，于是政治离心、天下大乱的局面就此展开了。

董卓火烧洛阳城

曹操真当过
行刺董卓的刺客？

> （曹）操又思曰："此贼当休矣！"急掣宝刀在手，恰待要刺，不想董卓仰面看衣镜中，照见曹操在背后拔刀，急回身问曰："孟德何为？"时吕布已牵马至阁外。操惶遽，乃持刀跪下曰："操有宝刀一口，献上恩相。"卓接视之，见其刀长尺余，七宝嵌饰，极其锋利，果宝刀也。
>
> 《三国演义》第四回

在《三国演义》第四回的后半回，说了"孟德献刀"的故事：首先这部分讲曹操自告奋勇，向司徒王允承诺刺杀董卓。他向王允讨了七星宝刀一口，以献刀为借口进入太师府，伺机杀害董卓。次日，董卓在小阁召见曹操，问他为何姗姗来迟？曹操说自己的坐骑太瘦弱，跑不快，所以来迟。董卓就让身边的护卫吕布去选匹西凉好马相赠，这样一来董卓身边就没人护驾了。曹操见机不可失，就要下手，董卓身躯肥胖，不耐久坐，斜躺在卧榻上，但瞥见曹操拔刀，连忙回身问："孟德你干什么？"也亏曹操反应极快，马上就坡打滚，把刀献给董卓，然后找借口试马，慌忙逃出太师府，展开亡命之旅。

曹操这次的暗杀行动以失败收尾，但如果细细寻思，就会发现整个过程有颇多不合理的地方：曹操不是董卓的心腹，又是带刀进屋，董卓接见他，身边会没有一个护卫？既然发现曹操拔刀，董卓这样一个掌握朝政翻云覆雨的人，难道凭曹操三言两语就能被打发过去？

正史上的曹操当然没有当过这种莽撞刺客。曹操之所以弃职离开京城，也和"献刀"这码事无关。董卓紊乱朝纲，当时有识之士都不

愿意与他合作,私下串联讨伐。不只曹操,袁绍、袁术兄弟也都先后离

开。不过裴注中引孙盛的《异同杂语》里记载的一则故事:灵帝时十常侍(十个侍候皇帝的大太监)权势熏天、祸国殃民,志士无不痛恨。某日曹操潜入十常侍之一张让的府邸,被府中厮役察觉,曹操拿起随身的手戟(一种防身用的短兵器)且战且走,终因他武功高强,得以全身而退。

上述这段故事大概是发生在曹操年轻的时候,"孟德献刀"的虚构情节也许是从这段故事脱胎而来的。

曹操刺杀董卓一事只是《三国演义》虚构的。

"捉放曹"时的陈宫
根本不是中牟县令！

> 县令曰："孟德此行，将欲何往？"（曹）操曰："吾将归乡里，发矫诏，召天下诸侯兴兵共诛董卓：吾之愿也。"县令闻言，乃亲释其缚，扶之上坐，再拜曰："公真天下忠义之士也！"曹操亦拜，问县令姓名。县令曰："吾姓陈，名宫，字公台。老母妻子，皆在东郡。今感公忠义，愿弃一官，从公而逃。"操甚喜。是夜陈宫收拾盘费，与曹操更衣易服，各背剑一口，乘马投故乡来。
>
> 《三国演义》第四回

　　"捉放曹"是京剧中有名的戏码，故事是这样的：曹操行刺失败，虽然逃出生天，但董卓很快就省悟过来，于是曹操成了朝廷缉拿的要犯。某日曹操路过中牟县（今河南中牟），被守关军士拿获，扭送县衙。曹操当然说什么也不承认自己就是行刺太师的要犯，于是被囚禁。到了夜里，县令陈宫偷偷把曹操提解出来，问他东行要做什么？曹操正气凛然地说："我要回老家，假造皇上的命令，号召全国诸侯起兵，联合起来诛杀董卓！"陈宫被曹操的忠义感动，于是不但私放曹操，还抛弃官职与他同行。

　　根据《三国志·武帝纪》的记载，曹操在东归时，的确曾经被中牟县的官员所拿获。亭长怀疑他就是钦犯，抓住他送到县令那里去，但曹操被当地认识他的人所救（为亭长所疑，执诣县，邑中或窃识之，为请得解）。这个心怀忠义并且把曹操捉了又放走的县令，在《三国演义》里被写为陈宫。不过根据史书记载，陈宫并不是在这个时候追随曹操的。陈宫是什么时候在曹操帐下的，正史中没有明确记载。根据学者的推测，大约是在初平二年（191年），陈宫在曹操被迎立为兖州牧（兖州军政长官），建立起自己的根据地这件事情上，扮演了重要角色。在《三国志》裴注中，引鱼豢《典略》所记："到了天下大乱时，陈宫开始追随太祖。尔后他却疑心生暗鬼，投靠吕布去了。"（及天下大乱，始随太祖。后自疑，乃从吕布。）最后他因吕布的败亡而以身殉难。

因此我们可以知道，曹操逃离京城东返时（189年），和陈宫根本就不认识，陈宫也没有担任过中牟县令一职。为了"捉放曹"一幕的推展，小说家把在历史上没有留名的中牟县令，和日后戏份还不少的陈宫，给重叠在一起了。

历史上陈宫最初为曹操的部下，后叛逃到吕布麾下。吕布死后，他因拒绝向曹操投降而被斩首。

曹操将故友吕伯奢
一家灭门疑案

（曹）操挥剑砍（吕）伯奢于驴下。（陈）宫大惊曰："适才误耳，今何为也？"操曰："伯奢到家，见杀死多人，安肯干休？若率众来追，必遭其祸矣。"宫曰："知而故杀，大不义也！"操曰："宁教我负天下人，休教天下人负我。"陈宫默然。

《三国演义》第四回

在上一篇里，我们说了《三国演义》第四回中将曹操捉了又放的人，并不是陈宫。在这一篇当中我们则要讨论同一回里面更具争议性的"曹操将故友吕伯奢一家灭门疑案"。

按照《三国演义》的描述：曹操与陈宫继续逃亡之旅，来到了成皋，前往曾和父亲曹嵩结拜的吕伯奢老先生家投宿。吕老先生让家人热情款待他们不说，自己还赶紧出门买好酒。曹操却因为听见隔墙的霍霍磨刀声，怀疑吕家将加害于己，干脆先下手为强，持剑把吕家老小八口尽皆杀害，人都杀了，才发现人家是想杀猪宴请曹操与陈宫。杀了人的曹操和陈宫逃出村来，刚好遇到买酒回来的吕伯奢，不啰唆，干脆再补一刀，吕家被杀得干干净净。陈宫这才生气地骂曹操说："你明知道吕家对你没有歹意，却还要下此狠手，真是太不义了！"曹操这时就说出了那句"宁教我负天下人"的名言来了。陈宫就此认清曹操原来也是个"狼心之徒"，最后离他而去。

《三国演义》里这场"吕氏灭门血案"让曹操奸诈、猜疑、残忍的性格暴露无遗，那么历史上真有这场灭门血案吗？凶手是不是曹操呢？

曹操的确在吕家杀了人，可是事实和小说的描写大有出入。吕家凶杀案，《三国志》正文当中没有记载，不过在裴松之注文所引用的几本著作中都提到了这件事。南朝宋刘义庆编的《世说新语》里，提到曹操拜访吕伯奢，老先生不在，五个儿子殷勤地招待曹操，可是曹操却因为自己弃官潜逃，怀疑他们要通报官府，因而在夜里下手杀了吕家八人而去。《魏书》则说，曹操投宿吕家，老先生不在家，但夜里吕家儿子勾结宾客企图夺取曹操和从人的财物与马匹，曹操为了自卫才杀了数人。孙盛的《异同杂语》所记载的则是曹操夜半听见磨刀声，便在夜里杀了吕家人，继而悲怆地说："宁我负人，毋人负我！"

因此关于曹操杀吕家满门一案，可以归纳成两种说法：第一种是吕家热情招待故人，结果惹祸上身，反遭灭门之祸；第二种是吕家不怀好意，夜半想来个杀人越货，曹操被迫自卫杀人。两种说法都提到了吕伯奢不在家这件事。罗贯中在创作《三国演义》时，既然把曹操派作大奸角，想必采用了《世说新语》的说法，并且再添一笔，把实际上出门在外、逃过一劫的吕伯奢老先生的性命也一并算在曹操的剑下了。

吕伯奢为曹操父亲的好友，其一家在《三国演义》中被曹操灭门。

十八路反董卓联军主持人
是"C咖"不是袁绍！

太守王匡曰："今奉大义，必立盟主；众听约束，然后进兵。"（曹）操曰："袁本初四世三公，门多故吏，汉朝名相之裔，可为盟主。"绍再三推辞。众皆曰："非本初不可。"绍方应允。

《三国演义》第五回

曹操逃回陈留，受地方财团资助，起兵讨伐董卓。《三国演义》第五回所说的，就是曹操假传圣旨（矫诏），向天下号召各路诸侯起兵共讨董卓的故事。小说中说共有十八路诸侯响应，一时之间声势浩大，他们聚集在洛阳外围开会，曹操建议："袁绍兄家世高贵，祖上四代多人担任三公的高位，有很多门生故旧，又是汉朝名相的后代，有足够资格担任盟主。"袁绍推辞了一番，也就答应出任了。

这段叙述和真正的史实有很大的差异。曹操其实并未假传圣旨。虽然他在中平六年（189年）率先起兵，但当时他的声望不够，又没有家世背景，在当时诸侯眼中，充其量只是个"B咖"，就算假传圣旨，也没有号召力。反对董卓的各路力量，据史书记载，共有十四路（而不是小说中的十八路），他们之中大部分也没有在洛阳外围会盟，而是各干各的。只有刘岱、桥瑁、张超等五路人马，春天时在酸枣（今河南延津西南）曾会盟过。

等到要公推盟军主持人的时候，问题又来了：这些刺史、太守们一个个全都畏惧董卓的声势，就怕傻傻地当了出头鸟，头一个栽跟头，因此你推我、我推你，竟然没人有勇气站上台。最后，一个广陵的功曹

（科长级小官）臧洪看不下去，慨然上台，担任盟誓主持人。他大声宣读誓词，读得涕泪纵横，气势慷慨悲壮（辞气慷慨，涕泣横下），大家都被他的忠义所感动。要不是有臧洪站出来，这个反董联盟成与不成，还不一定。所以禚梦庵先生甚至以"义士臧洪"为题，特别写了一篇文章来表彰臧洪在这次联盟当中的贡献。

而当时各路起兵人马，并未如《三国演义》所说，全部聚集在洛阳近郊。据《三国志》和《后汉书》：小说里头担任盟主的袁绍，这个时候远在河内（今河南武陟西南），人根本不在场，联盟只是借用袁绍的名气，"遥推"他为盟主而已。这场反董卓联盟大誓师，历史上真实的主持人，并不是"A咖"袁绍，甚至连当时的那些"B咖"刺史都不是，反而是"C咖"臧洪跳出来，气盖山河地在史书上留下了一笔！

《三国演义》中被推为十八路诸侯盟主的袁绍，史实中其实根本不在现场。

"温酒斩华雄"与"三英战吕布"都是虚构的！

> 关公曰："如不胜，请斩某头。"（曹）操教酾热酒一杯，与关公饮了上马。关公曰："酒且斟下，某去便来。"出帐提刀，飞身上马。众诸侯听得关外鼓声大振，喊声大举，如天摧地塌，岳撼山崩，众皆失惊。正欲探听，鸾铃响处，马到中军，云长提华雄之头，掷于地上——其酒尚温。
>
> 《三国演义》第五回
>
> 傍边一将，圆睁环眼，倒竖虎须，挺丈八蛇矛，飞马大叫："三姓家奴休走！燕人张飞在此！"吕布见了，弃了公孙瓒，便战张飞。飞抖擞精神，酣战吕布。连斗五十余合，不分胜负。云长见了，把马一拍，舞八十二斤青龙偃月刀，来夹攻吕布。三匹马丁字儿厮杀。战到三十合，战不倒吕布。刘玄德掣双股剑，骤黄鬃马，刺斜里也来助战。这三个围住吕布，转灯儿般厮杀。八路人马，都看得呆了。
>
> 《三国演义》第五回

在《三国演义》第五回一开场，就安排了"温酒斩华雄"这样一出生动的戏码，让默默无闻的关羽，借由三两下就杀掉董卓手下大将华雄，而跃上三国的大舞台。同时，这也让曹操注意到刘备手下有这么一员猛将（斟给他的酒都还是温的呢），为后面逼降关羽、挂印封金、过五关斩六将等情节埋下伏笔。

为了衬托关公勇猛无双，小说中的华雄也被描写得难以对付。首先是长沙太守孙坚，被华雄打得落荒而逃，其部将祖茂被杀；接着华雄又连斩关东反董联军两员大将；最后，当袁绍正愁无人可应战时，刘备帐下马弓手关羽主动要求出战,在曹操的支持下,果然没两下就把华雄的首级提回来了。这奠定了他威震华夏名声的第一步。

然而史实并非如此,关羽根本就没有和华雄交锋。真正斩杀华雄的,是小说中被打得七零八落的长沙太守孙坚。

"三英战吕布"是《三国演义》虚构的,图为北京香山古建筑彩绘"三英战吕布"。

在关东起兵的各路诸侯中,孙坚心存汉室,最为忠勇。孙部也是少数真正和董卓西凉军交战的义军,其他各路诸侯大多假讨董名义,行扩充军队、扩张地盘之实。史书上说,孙坚领兵北上,加入讨董义军,在梁县与董卓军队徐荣部骤然遭遇,孙坚战败,与数十骑突围逃走,徐荣紧追,匆忙之间,孙的部将祖茂只好把孙坚平常穿戴的红头巾绑在头上,引徐荣手下骑兵来追,孙坚得以反方向逃走。大概是这段记载,被小说拿来移花接木,说成华雄杀得孙坚脱巾逃命。不久后孙坚收拾残部,趁着董卓部将彼此不和的机会(董卓派来的将领胡轸和吕布、华雄不和),全线出击,在阳人(今河南汝州西)大破董部,乱军中华雄被杀。董卓害怕,依幕僚建议,想和孙坚结为亲家,却被孙坚严正地拒绝。接着孙坚便进军洛阳,董卓不敌,只好退出京城。因为得不到后台老板袁术的支持,孙坚进入洛阳城后,粮草用尽,只好在祭扫汉朝太庙后退出(相传孙坚在祭扫宫殿时,得到传国玉玺,这段故事会在下篇提到)。史书中这样一位忠勇善战的将领,在《三国演义》里,为了衬托关羽,功劳被夺走不说,竟成了抱头鼠窜的无用之人,真是冤哪!

刘备、关羽、张飞"三英战吕布"是《三国演义》第五回中的大场面。话说华雄被杀后，董卓起兵二十万，在虎牢关前迎战袁绍派来的八路义军。董卓义子吕布神勇无比，八路诸侯的部将与之交手，非死即伤，全部都败下阵来。在公孙瓒差点被吕布杀掉时，张飞站出来挡住吕布，之后关羽和刘备也加入战局，四人大战了几十回合，不分胜败，吕布便退回关去。

这是《三国演义》整部小说当中，刘、关、张三人仅有的一次联手作战。之后刘备慢慢往主公之路发展，很少再挥舞他的双股剑；而关、张二人虽然不断有动作场面，不过随着刘备集团声势愈来愈大，两人被赋予的任务也愈重，各统领一方，兄弟二人也再没有联手作战的机会了。"三英战吕布"这个桥段，与其说是要显露初出茅庐的刘、关、张三人有多么神勇，倒不如说是要让超级战将吕布有一个和小说主角群交手的机会。毕竟按照千百年来史书中对关、张"世之虎将"的记载，以及现代电脑游戏中，二人武力指数动辄近百的设定来看，刘备本来就不以勇

与其说是展现刘、关、张的武勇，不如说是罗贯中为了给超级战将吕布与刘、关、张一战的机会。

武著称，也还罢了，关、张两人打一个，就算打赢也不光彩。但很遗憾，"三英战吕布"这个桥段，是罗贯中虚构出来的，纯属子虚乌有。刘备这个时候，人根本不在洛阳外围，也还没参加反董卓联军。当时幽州太守公孙瓒虽然响应讨董，但是实际上并没有起兵参加，刘备这时候也还没去投靠公孙瓒，他因为讨黄巾贼的军功，担任下密（今山东昌邑东）、高唐（今山东高唐）的县尉和县令。刘备既然不在场，又怎么能在各路诸侯面前来场"三英战吕布"呢！

孙坚得到传国玉玺
只是一场误会？

次日，孙坚来辞袁绍曰："坚抱小疾，欲归长沙，特来别公。"绍笑曰："吾知公疾：乃害传国玺耳。"坚失色曰："此言何来？"绍曰："今兴兵讨贼，为国除害。玉玺乃朝廷之宝，公既获得，当对众留于盟主处，候诛了董卓，复归朝廷。今匿之而去，意欲何为？"坚曰："玉玺何由在吾处？"……绍曰："作速取出，免自生祸。"坚指天为誓曰："吾若果得此宝，私自藏匿，异日不得善终，死于刀箭之下！"

《三国演义》第六回

之前我们提到，"温酒斩华雄"史无其事，真正杀华雄的勇将，是小说里被华雄打得七零八落的长沙太守孙坚。在这里我们要继续说《三国演义》在第六回里，给史称"忠烈"的孙坚安排的一场"匿玺背约"冤案。

话说董卓挟天子迁都长安，孙坚率先攻入洛阳，派兵祭扫汉室宗社与宫殿，设军帐（临时指挥所）于建章殿上。忽得左右来报：殿南一井中发现一具女尸，虽然死去已有一段时日，尸体竟然没有腐烂，颈部挂着一个锦囊，取出一看，里面是一个金质小匣，匣中装着一方玉玺，刻有篆字"受命于天，既寿永昌"。孙坚马上明白，这是以战国时代和氏璧刻成，由秦相李斯雕篆的传国玉玺。传说得到玉玺者，就有当上皇帝的可能。孙坚起了私心，想独吞玉玺，于是立刻向联军主席袁绍请病假回老家。袁绍哪里肯信？他说："你哪有什么病？我看，你是得了玉玺病吧！"虽然孙坚信誓旦旦地说没拿玉玺，袁绍不得不让孙坚离去，但暗地里唆使荆州牧刘表于孙坚归程半途截击，以夺回玉玺。这段三国版的"夺宝传奇"，把孙坚形容成一个因私心而背弃讨伐董卓盟约的小人，并且埋下日后他被刘表大将黄祖射杀的伏笔。

考察史实，孙坚退出联军，与他得到玉玺与否无关，而是跟他的后台袁术扯后腿，以及联军各怀异志有关。《后汉书》称，孙坚击败董卓军，攻入洛阳后，有人向袁术进言："如果让孙坚得到洛阳，袁公就不可能再制约他了，这等于是才赶走了野狼，又迎来了老虎呀（坚若得洛，不可复制，此为除狼而得虎也）。"袁术起了疑心，所以停发孙部军粮。孙坚连夜赶回袁术的总部，很严厉地询问他是何居心。袁术心虚，只得补发军粮了事。但讨董联军这时已经气势衰竭，大家借口也用得差不多，互相只想先消灭对方（外托义兵，内图相灭），于是军事行动无疾而终。东汉末年由董卓乱政转为军阀割据的局面，由此开始。

至于"孙坚得到传国玉玺"这一传说，众说纷纭。韦曜的《吴书》肯定这个说法，替《三国志》注释的裴松之则认为不实。他说："孙坚在起事的各路

《三国演义》中曾提到孙坚一度获得传国玉玺。

诸侯里，最有忠烈之称，假如他得到了传国玉玺却隐匿不说，这可是私

怀着当皇帝的野心呀,那还能说他是忠臣吗?"(若得汉神器而隐匿不言,此为阴怀异志,岂所谓忠臣者乎?)而且,倘若孙坚得到玉玺而私藏起来,那么后来孙权建立的吴国,必定以此为国之重宝,可是遍查史料,并没有相关记载,况且西晋灭吴,孙皓投降,史料中也没有其交出玉玺的记录。(小说里孙策以玉玺担保向袁术借兵,史料上并无相关记载。)所以,孙坚的"夺宝传奇",可能真的只是传说而已!

董卓跟吕布真是因貂蝉的"美人计"反目的吗？

（王）允跪而言曰："百姓有倒悬之危，君臣有累卵之急，非汝不能救也。贼臣董卓，将欲篡位；朝中文武，无计可施。董卓有一义儿，姓吕，名布，骁勇异常。我观二人皆好色之徒，今欲用'连环计'：先将汝许嫁吕布，后献与董卓；汝于中取便，谍间他父子反颜，令布杀卓，以绝大恶。重扶社稷，再立江山，皆汝之力也。不知汝意若何？"貂蝉曰："妾许大人万死不辞，望即献妾与彼。妾自有道理。"允曰："事若泄漏，我灭门矣。"貂蝉曰："大人勿忧。妾若不报大义，死于万刃之下！"允拜谢。

《三国演义》第八回

　　说起貂蝉，当真是无人不知、无人不晓。就算没看过《三国演义》，大家也知道貂蝉是古代的大美女。在《三国演义》里面，貂蝉是起到重要作用的角色。她让董卓、吕布父子反目，还让吕布杀了董卓。这就是我们在这一篇当中要说的"美人计"。

　　话说反董义军冰消瓦解以后，挟持皇帝自重的董卓更加肆无忌惮，祸国殃民。《三国演义》第八回中，司徒王允悲愤董卓专权误国，却又无计可施，苦思之后，和家中歌伎貂蝉定下一个连环计：先以赠送金冠的名义，引吕布到府致谢，然后让貂蝉出堂陪酒当场迷得吕布神魂颠倒，王允随后许诺送貂蝉给吕布为妾。隔几日后，王允又邀董卓来府，送貂蝉给董卓，把老色狼给迷得冒烟。等到失望的吕布跑来质问，王允反倒说是董卓霸占了貂蝉。猴急又愤怒的吕布，在凤仪亭和貂蝉私会，被董卓撞见。董卓大怒，掷戟刺吕布。这对色狼父子翻脸后,王允再挑拨离间,终于借吕布之手,除去董卓这个国贼。

这段充满传奇、绮丽色彩的连环计,在史实上是找不到根据的。《三国志》上找不到"貂蝉"的名字;吕布诛杀董卓,也与貂蝉的"美人计"无关,反倒是王允的确在董卓、吕布反目的过程中,充当了关键角色。王允因为和吕布是并州同乡的关系,着意结交吕布,对待他很是亲厚,吕布也投桃报李,把王允当成知己,知无不言。后来,吕布和董卓的关系出现裂缝,首先是董卓脾气暴躁,某次因小事不顺心,竟拿短戟丢掷吕布;其次,吕布和董卓府里一名侍婢有染,唯恐事发,心虚得很。王允看时机成熟,便说动吕布除去董卓,吕布起先还有些犹豫,认为和董卓有义父子的情分,如何能下得了手?王允回道:君侯姓吕,本来和董卓就不是骨肉,今天你尚且担心会死在他手里,这样还谈什么父子?于是吕布铁了心要杀掉董卓。顺便一提,吕布杀义父,这不是第一次。当初吕布也曾受了董卓利诱,杀害待他甚厚的义父丁原。

貂蝉在史实上没有存在的根据,但那个没有留下姓名的侍婢及她和吕布的关系,可能就是小说和戏曲中,貂蝉与"美人计"的原型吧。

吕布在凤仪亭与貂蝉私会,被董卓撞见。

曹操凭什么在中原
群雄中崛起？

（曹）操领了圣旨，会同鲍信，一同兴兵，击贼于寿阳。鲍信杀入重地，为贼所害。操追赶贼兵，直到济北，降者数万。操即用贼为前驱，兵马到处，无不降顺。不过百余日，招安到降兵三十余万、男女百余万口。操择精锐者，号为"青州兵"，其余尽令归农。操自此威名日重。捷书报到长安，朝廷加曹操为镇东将军。

操在兖州，招贤纳士。有叔侄二人来投操：乃颍川颍阴人，姓荀，名彧，字文若，荀绲之子也；旧事袁绍，今弃绍投操；操与语大悦，曰："此吾之子房也！"遂以为行军司马。其侄荀攸，字公达，海内名士，曾拜黄门侍郎，后弃官归乡，今与其叔同投曹操，操以为行军教授。

《三国演义》第十回

东汉末年，群雄并起，像曹操这样想要平定天下的人物，在史书里随便数也有那么一大把。而曹操论家世、论财力、论地盘，都不如当时的袁氏兄弟。那么，为什么只有曹操能够扫荡群雄，统一中原？曹操崛起的关键是什么？

曹操能在中原群雄当中崛起，有两个关键因素：第一是使民生复苏，第二是广泛任用人才。

在当时，诸侯都拥兵自重，即使没有上万，也有成千兵马，但是只有曹操实施兵农合一的经济体系（即屯田制），让混战后残破的中原经济重新恢复秩序，从而安顿统治区中的流动人口，增加农业生产。

黄巾之乱以后，中原的残破，已经到了人口稀少、路旁有骸骨的地步，有的地方因为粮食短缺，甚至还发生过人吃人的惨剧。曹操就曾在《蒿里行》一诗里哀痛地描述："白骨露于野，千里无鸡鸣。"曹操和他的幕僚们在清扫青州黄巾余党时，注意到这支军队有很特别的地方：他们是一股携家带眷、边耕边战的巨大力量。因此，在建安元年（196年），曹操下令实施的屯田制，就是参考这样的做法，把招降的青州军加以编组，由官方授予耕牛、农具，平日农

屯田制与任用人才是曹操崛起的要素。

耕，有事作战。这样一来，土地有人耕作，军粮的来源也能够确保，这使得曹操在各路诸侯中脱颖而出。他不是一个靠军队镇压百姓的军阀，而是建立新秩序、让人民不再流离失所。

能够采用屯田这种做法，和曹操能广泛任用人才有很大的关系。东汉的人才选拔，本来采用"察举"制度，也就是由地方官考察，或是由士绅推荐给朝廷。但是这种渠道到了后来，已经沦为世家大族把持朝廷用人的工具。士人的名声远比本身的才能重要，于是出现了一大堆沽名钓誉、虚有其表之徒。为了扭转这种风气，曹操采用矫枉过正的办法，也就是要求"才胜于德"。我们看他在建安十五年（210年）颁布的《求贤令》，上面说到"唯才是举，吾得而用之"。不考虑虚无缥缈的品德，只在乎有没有解决问题的本领才干，只要是人才，哪怕你做过

"盗嫂受金"（收受贿赂，或者和兄嫂发生不伦恋）的事情，曹操照样重用！观察曹操手下为他出谋划策的人物，多半个性放荡不羁，比如郭嘉、程昱都属于这种类型。

曹操的这种做法，当然取得了极大的成效，但是也遭到了世家大族的抵制，所以到了曹丕当皇帝的时候，就改采陈群所建议的"九品中正制"来评鉴、选拔人才，向世家豪门妥协。而除了屯田制以外，曹操的谋士为他贡献的最重要的建议，就是我们下一篇当中要说的"奉戴天子"大战略。

曹操"挟天子以令诸侯"是怎么来的?

却说曹操在山东,闻知车驾已还洛阳,聚谋士商议。荀彧进曰:"昔晋文公纳周襄王,而诸侯服从;汉高祖为义帝发丧,而天下归心。今天子蒙尘,将军诚因此时首倡义兵,奉天子以从众望,不世之略也。若不早图,人将先我而为之矣。"曹操大喜。正要收拾起兵,忽报有天使赍诏宣召。操接诏,克日兴师。

《三国演义》第十四回

汉献帝建安元年(196年)七月,皇帝一行人好不容易摆脱董卓余党郭汜、李傕的控制,渡过黄河,回到首都洛阳。但这时候的洛阳残破不堪。根据《后汉书》的记载,因为宫室被烧毁,皇帝三餐不继,百官住在断壁残垣里,饿死或者被乱兵杀死的,时有所闻。在这个时候,曹操听从手下智囊毛玠、荀彧的建议,加上朝廷中董昭的帮助,在同年八月把皇帝接到自己的地盘许都,这就是"奉戴天子"的大致过程。

"奉戴天子"是曹操争霸过程中所做过的最重要的决定,这让曹操从一个地区军阀一跃成为在国家政权中举足轻重的人物。有皇帝在手,所以要加什么官、封什么地、讨伐哪个不听话的诸侯,都由着曹操。他的意思经由被自己"包养"的朝廷背书,转眼就成了皇帝的圣旨。当时一般人和后世对曹操这个做法的评价,简单来说,就是"挟天子以令诸侯"。

其实,把落难的皇帝迎接到自己的地盘,有这个想法的人,曹操不是第一个。袁绍的谋士沮授就曾经向袁绍建议:现在我方的地盘已稍微稳固,军队士气高,贤能之士都过来归附,这正是我们到西边去把皇帝迎来邺城的时候哇！倘若这么做的话，以皇帝的名义来号令天下各路军阀，训练兵马来讨伐那些不听命令的人，哪个人敢抵挡？（且今州城粗定，兵强士附，西迎大驾，即宫邺都，挟天子而令诸侯，蓄士马以讨不庭，谁能御之？）袁绍听了颇为心动，但他一时间犹豫不决，终因手下郭图、淳于琼等人，担心把皇帝接来，从此就要受朝廷的约束，最后没

汉献帝刘协是东汉最后一位皇帝，先后为董卓、曹操挟制，最终将皇位禅让给魏文帝曹丕。

有动作。沮授的建议没有付诸实践，但是他已经点出了"挟天子以令诸侯"的意义所在。

袁绍没动作，曹操就动手了。曹操刚刚就任兖州牧，他手下的治中从事毛玠（就是《三国演义》中，蔡瑁、张允被周瑜使反间计杀害后，接任水军都督的那位）就建议曹操"应该奉迎天子来我们这里，然后号令那些不听我们命令的臣子，同时要恢复农业，储蓄军用物资，这样可以成就称霸天下的事业"（宜奉天子以令不臣，修耕植，蓄军资，如此则霸王之业可成也）。曹操可不像袁绍那样犹豫不决，他心底对迎接汉朝皇帝所产生的政治效益是很清楚的，于是马上动作，上书向皇帝报告，并且在不久后，就将汉献帝和朝廷都移来许都。

因此，我们可以清楚地知道："挟天子以令诸侯"和"奉天子以令不臣"其实说的有很多相似之处。只是后者是曹操对他整个大战略的正面解读，而前者是袁绍和许多动作慢了好几拍的人，吃不到葡萄所说的酸话！当然，袁绍、郭图等人的忧虑不是完全没有道理，"奉戴天子"也为曹操带来了坏处，这点我们会在后面章节里再提到。

袁术到底是怎样的人？
为何敢称帝？

（袁）术怒曰："吾袁姓出于陈。陈乃大舜之后。以土承火，正应其运。又谶云：'代汉者，当涂高也。'吾字公路，正应其谶。又有传国玉玺。若不为君，背天道也。吾意已决，多言者斩！"遂建号仲氏，立台省等官，乘龙凤辇，祀南北郊，立冯方女为后，立子为东宫。

《三国演义》第十七回

我们知道曹操英雄一生，大权在握，到头来终究也不敢篡汉称帝。而远在曹丕、刘备、孙权等人建立帝号二十多年之前，有位老兄却当过一阵子的皇帝，这是怎么一回事呢？

这位抢先当皇帝的仁兄，就是袁术。袁术的家世很好，我们之前说过袁绍家"四世三公"，父亲袁逢担任过司空，《三国志》说袁家"势倾天下"。袁绍还只是庶出（婢女所生），袁术却是袁逢的嫡子，出身比袁绍还要正宗。这也是为什么明明是亲兄弟，袁术却一直看不起袁绍，不愿意和他合作，二人反而互相攻击的原因。

袁术靠着父祖庇荫而能担任官职，后来当上南阳尹。董卓为了拉拢他，又封他为后将军，但是袁术认为和董卓合作迟早要倒霉，于是跑回南阳。他在南阳，行事放纵，史称袁术"奢淫肆欲，征敛无度，百姓苦之"。可见袁术这个人，心中只顾着自己享乐，毫不以人民为念，当然也没有任何"民意基础"。

袁术的名声很坏，曹操、袁绍很轻视他，孙策更觉得袁术是个"阿舍"（潮汕话旧时用以尊称官家或富贵人家的子弟）老板，早想离开他；名士孔融曾评论过袁术："袁公路岂忧国忘家者耶？冢中枯骨，何足介意？"这段话后来被《三国演义》改由曹操在和刘备"青梅煮酒论英雄"时说出。另外，陈登也说袁术："公路骄豪，非治乱之主。"说得不好听些，在当时，办袁公路先生其实属于"公干"。

偏偏袁术有一个致命的人格特质——"白目"，也就是弄不清天下大势，自我感觉良好，硬要逆天而行。他自认家世高贵，当时汉室又衰微，有谶纬说姓袁的该当王，所以袁术觉得当皇帝的时候到了，于是就在兴平二年（195年）的冬天，不听手下劝阻僭号（冒用帝王名号），自己当上了皇帝！袁术不当皇帝还好，一宣布即位，马上就遭到围剿：首先是被吕布攻破，后来又两次被曹操击败，接着孙策和他划清界限。袁术走投无路，想把皇位送给老哥袁绍，却在半路上病死。

汉朝很流行"谶纬"这回事。所谓谶纬，说穿了，其实就是假造的预言。这种预言，拿来骗别人可以，要是拿来唬自己，那可就是真傻了！因此"白目"的袁术的皇帝梦，会在这么短的时间内就醒来，落得个吐血身亡的下场。而袁术"皇帝梦"的破灭，更给当时的群雄一个鲜明的教训：要当皇帝，需要各种条件配合，缺一不可。因此曹操终身不敢篡汉，孙权拖了又拖才即位，他们可能都吸取了袁术失败的教训。

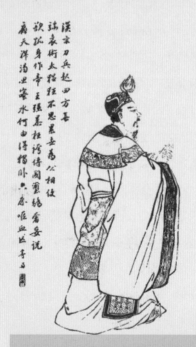

袁术是袁绍之弟，趁乱世于淮南称帝，因屡次兵败，最终吐血而死。

三国历史真的有
"杀妻为食"的记载吗？

> 一日，（刘备）到一家投宿，其家一少年出拜，问其姓名，乃猎户刘安也。当下刘安闻豫州牧至，欲寻野味供食，一时不能得，乃杀其妻以食之。玄德曰："此何肉也？"安曰："乃狼肉也。"玄德不疑，乃饱食了一顿，天晚就宿。至晓将去，往后院取马，忽见一妇人杀于厨下，臂上肉已都割去。玄德惊问，方知昨夜食者，乃其妻之肉也。玄德不胜伤感，洒泪上马。
>
> 《三国演义》第十九回

《三国演义》第十九回说了一个从今日角度来看很恐怖的故事：话说吕布突然和刘备翻脸，分兵攻击刘备的大本营小沛，刘备兵溃，独自逃亡。到了一处山村，有个叫作刘安的猎户，殷勤地招待他住下。山里没有好菜，那刘安却能端出肉来，刘备问："这是什么肉？"刘安说是狼肉。第二天刘备在厨房，看见一具妇人的尸体，方才省悟：昨晚刘安竟杀了他的妻子，取她臂上的肉来给自己吃！

这段刘安"杀妻为食"的可怕故事，其用意是彰显刘备"真命天子"以及《三国演义》男主角的身份，连随便一处山村里的猎人，都愿意杀了自己的妻子割肉献给未来的明君，使他有一顿饱餐！真命天子命不该绝，类似的情节，到了第三十四回又上演一次：刘备在刘表处遭到蔡瑁等人的陷害，慌忙逃出襄阳城，来到城西一条小溪前。他的坐骑据说是会妨害主人的名驹"的卢"，在后有追兵的时候果然发挥"妨主"特色，突然陷入溪中。就在刘备有死无生的关键时刻，"那马忽从水中涌身而起，一跃三丈，飞上西岸。玄德如从云雾中起"。小说再一次告诉读者，男主角（或者真命天子）不管遇上任何倒霉事，都能如有神助，化险为夷。

刘备被《三国演义》塑造为真命天子，屡次遭难都能化险为夷。

历史上的刘备，虽然确实曾被吕布所败，但从没有担纲出演过前面所述的恐怖的三国版"人肉叉烧包"。倒是我们前面提到过的臧洪，兴平二年（195年）被袁绍围困在东武阳时，曾经上演过"杀妾为食"的人间悲剧。据《后汉书》记载：当时城中粮食已经吃完，甚至连老鼠都抓尽了，臧洪咬牙把心一横，把自己的爱妾杀了给守城士兵分食。将士们知道这肉的来历，都悲伤痛哭，没办法抬头正眼看臧洪（绍兵围洪，城中粮尽，洪杀爱妾，以食兵将，兵将咸流涕，无能仰视）。最后终于城破，臧洪赴死。天下动乱，生灵涂炭，像这类粮尽食人肉的惨剧，历史上屡屡重演。英雄烈士的声名，是以无数的血肉尸体堆叠起来的，读到臧洪杀妾为食这样的故事，我们又怎么能不掩卷叹息呢！

汉献帝真的应该叫刘备皇叔吗?

（汉献）帝排世谱,则玄德乃帝之叔也。帝大喜,请入偏殿叙叔侄之礼。帝暗思:"曹操弄权,国事都不由朕主,今得此英雄之叔,朕有助矣!"遂拜玄德为左将军、宜城亭侯。设宴款待毕,玄德谢恩出朝。自此人皆称为刘皇叔。

《三国演义》第二十回

我们前面说过,指责曹操是意谋篡汉的奸贼,标榜自己为"中兴汉室"奋斗,是刘备强而有力的政治口号。更有说服力的是,刘备并不是碰巧姓刘,他是西汉景帝刘启第七个儿子刘胜的后裔。这也就是说,刘备和当时东汉皇室是有亲戚关系的（东汉的创建者光武帝刘秀,是景帝第六子长沙王刘发的后代）。所以,日后曹丕篡汉,刘备就堂而皇之地称帝,宣布继承汉统了。

小说中提到:刘备到许都投奔曹操,曹操带刘备去见皇帝,皇上问他祖上是什么人? 刘备回奏,他乃中山靖王刘胜的后代。皇帝听了很高兴,就命令宗正卿（皇室事务厅长）宣读查到的族谱档案:"孝景皇帝生十四子。第七子乃中山靖王刘胜。胜生陆城亭侯刘贞。贞生沛侯刘昂。昂生漳侯刘禄。禄生沂水侯刘恋。恋生钦阳侯刘英。英生安国侯刘建。建生广陵侯刘哀。哀生胶水侯刘宪。宪生祖邑侯刘舒。舒生祁阳侯刘谊。谊生原泽侯刘必。必生颍川侯刘达。达生丰灵侯刘不疑。不疑生济川侯刘惠。惠生东郡范令刘雄。雄生刘弘。弘不仕。刘备乃刘弘之子也。"不但从刘胜到刘备之间每代都清清楚楚,而且论起辈分来,皇帝还小刘备一辈,但事情真是这样吗?

很抱歉，正史上刘备的身世辈分，根本不像小说里那样清楚。既然《三国志·先主传》中说，刘备是汉景帝第七子刘胜的后裔，那我们就来查考一下刘胜这一支的历史。话说景帝刘启有十四个儿子，太子（王皇后生的儿子）就是大名鼎鼎的汉武帝刘彻，武帝的弟弟刘胜封地是中山国，所以叫中山王。刘胜贪酒又好色，娶了一堆老婆，生有一百二十多个儿子，其中有一个叫刘贞，被封为陆城亭侯。但是在汉武帝元鼎五年（公元前112年）的时候，发生了一件震动朝野的"酎金案"。所谓"酎金"，指的是天子祭拜祖先，各诸侯要分担的祭祀费用。武帝指责包括刘贞在内的侯爵们贡上的酎金成色不好、分量不足，把他们的爵位都给罢黜了，封地也夺还朝廷。所以，刘贞这一支皇室后代，从他本人开始，就已经沦为平民，中间传承都无法查考，又怎么能够像小说里那样，每一代的姓名都可以在档案库里找到呢？元朝时给《资治通鉴》作注的胡三省就说，刘备祖父以上的世系都"不可考"。

刘备是汉景帝第七子刘胜的后裔，被汉献帝称为"刘皇叔"，并在东汉灭亡后，以此继承汉统，立国号为"汉"。

曹操为什么要当面说
刘备是英雄？

（曹）操曰："夫英雄者，胸怀大志，腹有良谋，有包藏宇宙之机，吞吐天地之志者也。"玄德曰："谁能当之？"操以手指玄德，后自指，曰："今天下英雄，惟使君与操耳！"玄德闻言，吃了一惊，手中所执匙箸，不觉落于地下。时正值天雨将至，雷声大作。玄德乃从容俯首拾箸曰："一震之威，乃至于此。"操笑曰："丈夫亦畏雷乎？"玄德曰："圣人云'迅雷风烈必变'，安得不畏？"将闻言失箸缘故，轻轻掩饰过了。操遂不疑玄德。

《三国演义》第二十一回

话说刘备在许都，参加了车骑将军董承等人谋划的"衣带诏"铲除曹操计划，为了不被曹操怀疑，整天在家里挑水种菜。有天关、张出城打猎，曹操突然找他喝酒聊天，刘备虽然心中害怕，也只好硬着头皮去了。原来曹操只是心情不错，便找刘备谈天说地。曹操问刘备，当今天下，使君觉得谁能被称作英雄啊？心虚的刘备随口胡扯，提名了一堆政治人物，从袁术、刘表到孙策，都被曹操摇头否决了。最后，曹操正色对刘备说：天下的英雄，就你我两个呀！刘备大惊失色，手中筷子落在地上，还好他反应够快，用打雷当借口，掩饰过去。这就是《三国演义》中，正反派男主角合力演出的知名片段——"青梅煮酒论英雄"。

这段故事是于史有据的，《三国志·先主传》记载：刘备被吕布击溃以后，跑来投靠曹操，很受曹操礼遇（礼之愈重），曹操不但帮助他重组军队，还以朝廷名义封他当左将军，兼领豫州牧。但刘备暗中参与董承等人刺杀曹操的密谋，却迟迟没有发动（先主未发）。在某次聚餐时，曹操对他说："当今天下称得上是英雄的，就你跟我两个人了！至于袁绍那些家伙，算不上什么人物。"（今天下英雄，惟使君与操耳。本初之徒，不足数也。）刘备吓了一大跳（先主方食，失匕箸），也因此，他赶紧找机会离开许都，从而避免了密谋事败，和董承等人一起被杀的命运。

曹操为什么要当面告诉刘备他是英雄？如果曹操察觉到刘备有野心，这样当面把心中的盘算说出来，不是很"瞎"的一件事吗？曹操如此有心机的一个人，会这么坦诚直接地告诉刘备，你就是我争霸天下的劲敌？

据推测，曹操的动机有两种可能：一是鼓励自己，二是拉拢刘备。要知道当时曹操处在何种环境：北有袁绍，南有袁术、吕布，西边则有关中军阀，自己虽然有"奉戴天子"的政治优势，但是夹在列强之间，岌岌可危。曹操话里提到了当时他的大敌袁绍，正是因为袁绍据有河北四州，兵强马壮，相比起来曹操则弱小得多。可是曹操已经看出来，袁绍本钱虽然多，却没有他懂得经营，所以他这番话是给自己打气：我曹操是个英雄！袁绍不是个"咖"！不要怕他！

那曹操为什么又要"牵扯"着刘备，说他也是英雄呢？我们知道刘备投靠曹操以来，曹

曹操邀刘备品评天下英雄。

操无论是出门搭车，还是室内开派对，都要拉刘备一起（出则同舆，坐则同席）。刘备在当时，还是个既无地盘也没有声望的政治人物，但是刘备不是简单角色这一点，却是当时很多人的共识。如果连公孙瓒、袁绍、刘表都看得出来，那么曹操又怎么会不知道？曹操捧高没有军队、地盘的刘备，只是想拉拢他成为得力助手，再不然，也可以把他当作军事上的盟友。无论是曹操还是刘备，都不可能未卜先知，谁能料得到几年之后，刘备请得诸葛亮出山相助，有了地盘、军队，真的成了曹操争天下的大敌！

曹操真的答应了
关羽投降的三个条件？

（关）公曰："兄言三便，吾有三约。若丞相能从，我即当卸甲；如其不允，吾宁受三罪而死。"（张）辽曰："丞相宽宏大量，何所不容。愿闻三事。"公曰："一者，吾与皇叔设誓，共扶汉室，吾今只降汉帝，不降曹操；二者，二嫂处请给皇叔俸禄养赡，一应上下人等，皆不许到门；三者，但知刘皇叔去向，不管千里万里，便当辞去：三者缺一，断不肯降。望文远急急回报。"

《三国演义》第二十五回

《三国演义》第二十五回上演了一出"屯土山关公约三事"的戏码：先是刘备在小沛被曹操击溃，下落不明，接着曹操进攻下邳，关公出城迎战，中了曹军的埋伏，被打败，回城的路又被截断，只能整顿残兵退到一座土丘上。曹操知道关公曾救过张辽性命，两人交情不浅，于是派张辽来劝降。关公对张辽说，要投降可以，但曹丞相必须同意他提出的三个条件：降汉不降曹；保护刘备两位夫人；答应他只要得到刘备消息，随时可以离去。曹操都同意了，

事不两全须果决含生取义
古来无折将一死存刘羽
轻重分明女大夫 肯文 题

糜夫人也与关羽一起被曹操所俘。

于是关公便进城投降。

关羽的确曾经投降曹操，但他是否真的开了上面这三个条件，要曹操答应才肯投降呢？由于小说中张辽劝关公投降的说辞里，有"可保二位夫人"的说法，所以我们的探索也须从当时刘备的甘、糜两位夫人所在地开始。

先看《三国志·先主传》，当中说"（建安）五年，曹公东征先主，先主败绩。曹公尽收其众，虏先主妻子，并擒关羽以归"。再看《武帝纪》中的记载："（刘）备走奔（袁）绍，（曹操）获其妻子。备将关羽屯下邳，复进攻之，羽降。"史书记载的意思很清楚：刘备的两位夫人，此时并不在下邳城中。因为在刘备与曹操的两篇传记里，曹操都是先俘获刘备的夫人，再攻打关羽的。如此看来，关羽以为保护两位兄嫂而只好委身曹营的理由，便不存在了。因此，所谓屯土山约定三条件之说，应该也是虚构的。

再说，当时曹操是汉朝丞相，掌握朝政，他代表的政权，合法性和正当性都比刘备高。就算关羽真的想"降汉不降曹"，那也只是自我安慰的想法罢了。不过，要说关羽败后，是无条件投降曹操，却也未必尽然。我们从日后关羽前线投奔袁绍阵地以寻找刘备，曹操并未阻挡这件事来看，曹操和关羽之间，似乎是

关羽的忠义令人钦佩。

达成了某种默契的,那就是小说中所说的第三项约定:无论有多远,只要一打听到刘备的消息,关羽就可以马上离开曹营。这种默契能够达成,不仅是因为关羽令人钦佩的忠义,同时也是因为曹操有爱才之心和豁达大度的胸襟!

赤兔马真的
驰骋沙场二十年？

（曹）操令左右备一马来。须臾牵至。那马身如火炭，状甚雄伟。操指曰："公识此马否？"（关）公曰："莫非吕布所骑赤兔马乎？"操曰："然也。"遂并鞍辔送与关公。关公再拜称谢。操不悦曰："吾累送美女金帛，公未尝下拜；今吾赠马，乃喜而再拜：何贱人而贵畜耶？"关公曰："吾知此马日行千里，今幸得之，若知兄长下落，可一日而见面矣。"

《三国演义》第二十五回

　　在三国时代登场的众多英雄豪杰中，要问最具知名度的"非人类"，大概非先后属于猛将吕布、关羽的坐骑赤兔马莫属了！

　　赤兔马在三国时代是确实登场了的角色，并非虚构。裴松之引《曹瞒传》中说："时人语曰，人中有吕布，马中有赤兔。"吕布勇猛，天下皆知，拿赤兔马和吕布相比，可见此马在当时极具盛名。

　　在罗贯中的《三国演义》里，赤兔马被进一步形容为原产自西域、"日行千里"的汗血宝马，非但俊秀，而且个性还很高傲（非英雄不能驯服）。曹操擒杀吕布之后，赤兔马自然落入曹操的手中，其也因此在当时中国的政治中心——许都短暂停留了一小段时间。关羽兵败后与刘备失散，投降曹操时，曹操为了留住这名猛将，把赤兔马赏赐给了关羽，赤兔马当然也就成为关云长后来"千里走单骑""过五关斩六将"、投奔刘备时的代步工具了。赤兔马后来在第五十三回描写关公南征长沙时又再度登场。小说中最后一次提到赤兔马，是在第七十七回，关公败走麦城，赤兔马与关公父子一并被吴将潘璋用绊马索擒获，在东吴俘虏营中，非常有义气地不食草料，绝食而死。赤兔马的一生，和关公的事业成败，有如此紧密的联系，因此闽语有句俚语"胭脂马遇上关老爷"，拿来比喻感情路上"一个萝卜一个坑"，有缘来逗阵（一起）的意思。

如果照《三国演义》当中赤兔马的出场年代推论，有没有可能在正史当中，关羽最后败走麦城为东吴所擒时，坐骑仍然是当初这匹赤兔马呢？

依照《三国志·吕布传》的记载，吕布被曹操击败后斩杀，时为献帝建安四年（199年），赤兔马当时已经是吕布坐骑，显然是一匹成马，年龄应有二至三岁；不久后曹操把它送给关羽，用来笼络人心。隔年（200年），关羽骑着它离开曹营，投奔刘备，直到二十年后，关羽在北伐战役中，遭受曹魏和东吴两面夹击，败走麦城，最后在今湖北省界试图往益州（今四川）潜行时，它跟随关羽被吴军擒获。如果赤兔马此时仍然是关公坐骑，应该已经有二十多岁了！马的寿命会受到环境、饮食（饲料）等条件的影响，今天一般成马的平均寿命为二十到二十五岁，一千八百多年前，军用马的食料与饲养环境应该更受限制。换句话说，即使赤兔马这时候还能勉强效命于军旅，它也是匹退役老马，大概没有办法再驰骋疆场了！赤兔马在《三国演义》中的结局，可能只是小说家的想象而已。

赤兔马被认为是汗血宝马，图为昭陵六骏之一的特勒骠，特勒骠传闻就是突厥赠送给唐太宗的汗血宝马。

其实根本没有
"过五关斩六将"

> 关公所历关隘五处，斩将六员。后人有诗叹曰："挂印封金辞汉相，寻兄遥望远途还。马骑赤兔行千里，刀偃青龙出五关。忠义慨然冲宇宙，英雄从此震江山。独行斩将应无敌，今古留题翰墨间。"
>
> 《三国演义》第二十七回

　　关公毅然挂印封金、离开曹营，千里迢迢护送两位嫂嫂到河北投奔刘备，中间历经各种艰难险阻，途经曹操的地盘，闯过五处关隘，斩了阻挡关公前进的六名守将。渡过黄河，又听说刘皇叔已经离开袁绍，到汝南和刘辟会合去了，于是关公一行人只好转道汝南，终于在古城和张飞、刘备相会。以上这段故事，是关公"义薄云天"人生的重要组成部分，也是《三国演义》第二十七回里一段渲染得活灵活现的"过五关斩六将"。

关羽被视为忠义的代表，已经被神化。

　　关羽的确是毅然放下曹操的重赏厚待，而重回刘备阵营。

可是这段"过五关斩六将"的描述,纯属虚构。关羽要投奔故主,曹操并未阻止。《三国志》记载,关羽离开曹营时,曹操部下想要追截他,曹操劝阻道:"彼各为其主,勿追也。"这就表示,关羽一路上没有被拦阻,因为他的离开,是曹操许可的,所以不可能有追兵,也不会有把守关口的守将,拿自己的脑袋和关老爷的大刀过不去!因着这段历史,世人多赞美关羽的义重如山,其实要不是有曹操的恢宏气度来玉成其事,这段故事也不能完满。所以裴松之评论道:曹操实在具有王者的气度(王霸之度)。

"过五关斩六将"是关羽最有名的故事,但纯属小说家的虚构。

可是比对历史,我们还有疑问:关羽是从哪里出发投奔刘备的?又是在哪里和刘备会合的?关于这两个问题,史书上有两种说法:一是从许都到汝南,二是从官渡前线直接"投敌"。第一种说法见于《三国志·先主传》,建安五年(200年)七月,袁绍与曹操正相持于官渡,在刘备建议下,袁绍派关羽前去汝南开辟游击战场,从后方骚扰曹军,大约在这时候,关羽从许都到汝南投奔刘备;第二种说法则是在同年四月,关羽从官渡前线直奔位于阳武的袁绍总部,与刘备会合,这种说法,见于《三国志》和《武帝纪》。历代史学家似乎比较倾向后面那种,即关羽在前线上演寻兄记。

因为两军隔河对峙，若是得到曹操的允许，关羽从前线到刘备那去，在时机和距离上都比较合理。当时曹操与袁绍正在官渡对峙，又怎么可能在战云密布之时，还连派手下大将夏侯惇、张辽前来放行？

廖化年过七十
还上战场是真的吗?

> 忽见山头一人,高叫:"关将军且住!"云长举目视之,只见一少年,黄巾锦衣,持枪跨马,马项下悬着首级一颗,引百余步卒,飞奔前来。公问曰:"汝何人也?"少年弃枪下马,拜伏于地。云长恐是诈,勒马持刀问曰:"壮士,愿通姓名。"答曰:"吾本襄阳人,姓廖,名化,字元俭。因世乱流落江湖,聚众五百余人,劫掠为生。恰才同伴杜远下山巡哨,误将两夫人劫掠上山。吾问从者,知是大汉刘皇叔夫人,且闻将军护送在此,吾即欲送下山来。杜远出言不逊,被某杀之。今献头与将军请罪。"
>
> 《三国演义》第二十七回

所谓"蜀中无大将,廖化作先锋",意思是人才缺乏,只能派"B咖"来充数。在《三国演义》里,后期的蜀汉,猛将已经凋零殆尽,倒是我们这位廖化还不断地当先锋。神奇的是:廖化的任务出不完!第二十七回廖化正式登场,结识关公,在这里介绍他是黄巾余党,那么其年纪至少也有二十来岁。后来廖化投奔关公,成为帐下大将,随关公攻打樊城。在第七十六、七十七回时,关公兵败,廖化奉命求救,先到上庸,后又回西川,因此逃过一劫。孔明北伐,廖化也在军中担任副将,摘过司马懿的金盔,到了第一一五回,廖化甚至还替姜维镇守汉中!到了第一一九回,蜀汉灭亡,姜维假投降失败,廖化、董厥托病不出。蜀汉灭亡是在263年,关公"过五关斩六将"之事约发生在200年,那么这时候的廖化,也该有八九十岁了。虽然说廖化在小说中是个不受重视的配角,却意外地获得了长寿!

廖化在《三国志》里没有传，但是有段简单的生平介绍附于《三国志》中宗预的传记之后。廖化本名淳，字元俭，担任前将军关羽的主簿（文职参谋）。荆州失陷，廖化也被迫投降东吴，但是他始终"思归先主"，用现在的话说，就是"孙皮刘骨"，于是他"诈死"，而且骗到了周遭的人（时人谓为信然）。他赶紧带老母亲日夜往西赶路，刚好在秭归和率军东征的刘备相遇，刘备见到他很高兴（先主大悦），他这就算是归队了。诸葛亮北伐时，廖化担任丞相参军，之后升官至右车骑将军。蜀汉灭亡后，廖化和宗预等老臣，都被送往洛阳，廖化在途中病逝。史书上说，廖化以勇敢果决著称（以果烈称），由此看来他并不是无能之辈。

不过"廖化作先锋"还有另一层意思：蜀汉的人才衔接严重断层，本土（益州）人才很难获得重用，以至于像廖化这样一把年纪的外省（荆州）老先生，还必须披挂上阵！《三国志》里说：诸葛亮的儿子诸葛瞻刚执掌政务时，廖化去拜访宗预，想约他一起去见诸葛瞻。宗预拒绝，说道："得了吧廖兄，我们年纪都七十好几（吾等年逾七十），官做得也很够本了（所窃已过），何必还要汲汲营营去小辈家拜访求官呢？"（何求于年少辈而屑屑造门耶）从这条史料看来，无论是在正史还是演义小说里，廖化无疑都是蜀汉的常青树呢！

廖化年过七十还披挂上阵。

周仓是虚构的，关平其实是关羽的亲生儿子！

（裴）元绍曰："离此二十里有一卧牛山。山上有一关西人，姓周，名仓，两臂有千斤之力，板肋虬髯，形容甚伟；原在黄巾张宝部下为将，张宝死，啸聚山林。他多曾与某说将军盛名，恨无门路相见。"

《三国演义》第二十八回

每当我们走进关帝庙正殿，都会看见在主神关圣帝君神像的两侧，立着两尊陪祀的塑像，左侧那位手捧符印，面如冠玉，是关平；右侧那位，铁须银齿，黑面朱唇，持青龙偃月刀侍立，是周仓。

慷慨相随鬓为
父子事公之生
狗公之纪末兰

《三国演义》中关平为关羽的义子，史实中其实是关羽亲子。

关平与周仓的初登场，都见于《三国演义》第二十八回：关公过五关斩六将、千里走单骑，终于在关庄与刘备重逢。庄主关定仰慕关公为人，将次子关平送与关公做义子，同时关羽又收下黄巾余党周仓，于是二人成为他驰骋沙场的核心干部。关平是义父的行程顾问，个性冷静小心，在关公被冷箭所伤时将他救下；周仓是关公的侍卫长，又熟水性，单刀赴会,和关公演双簧,襄樊之战,泗水擒获曹将庞德。关平、周仓两人忠心耿耿,一直护卫关羽,直到败走麦城,关平与义父同时被擒,周仓则自刎殉主。

不过,这与正史的记载有所出入。关平其实是关羽的亲生儿子,周仓则史无其人。关于关平的记载,只见于《三国志》中短得可怜的一行话:"(孙)权遣将逆击羽,斩羽及子平于临沮(今湖北宜昌远安)。"古人对亲生和领养的定义很明确,说养子,必定用"假子"或"义子"来称呼,如果只写"子平",则关平是关羽亲子这件事情应该没有疑问。正史上关羽有二子:长子关平随父亲战死,次子关兴继承父亲的爵位。全于小说及民间传说中的三子关索,则是虚构的,我们以后还会提到。小说中关平的亲生父亲关定,当然也是查无此人。《三国演义》把关平的身份由亲生改成领养,可能是为了呼应刘备也收了一个养子刘封。至于周仓这个虚构角色的创造,大概是因传统小说中,英雄主人翁都需要有忠心的仆从,如小说《说岳全传》里面,岳飞元帅就有"马前张保,马后王横"。

周仓是《三国演义》中的人物,无正史可考。图左下为周仓,持青龙偃月刀侍立。

赵云与刘备的古城
重逢是真是假？

玄德曰：“吾初见子龙，便有留恋不舍之情。今幸得相遇！”

（赵）云曰：“云奔走四方，择主而事，未有如使君者。今得相随，大称平生。虽肝脑涂地，无恨矣。”

《三国演义》第二十八回

《三国演义》第二十八回中，潦倒困顿的刘备，在古城不但和关、张二弟重逢，还收了赵云，如虎添翼，实力大增。在本回之前，刘备和赵云曾经见过几次面。赵云的初登场是在小说第七回，当时刘备经公孙瓒的介绍，和赵云相识，见赵云英勇，就有了惜才之心；赵云见刘备英明仁义，也有效劳之意。第十一回中，刘备更向公孙瓒商借麾下的赵云抵挡曹操，这就是“借赵云”的桥段。从小说之中看来，赵云和刘备早在古城重逢之前，就已经完成“试用期”，并且签好“加盟意向书”了。

小说为了刻意提高赵云形象、增加赵云戏份，有颇多虚构之处。那么，在正史中，赵云加入刘备阵营前有什么遭遇呢？

赵云是在建安五年（200年）到邺城加入刘备阵营的。我们从《三国志》以及裴松之注文引用的史书中，把此前有关赵云活动的记载爬梳一番，整理如下：初平二年（191年），赵云受本郡（河北常山）推举，带领义兵数百人，参加公孙瓒部；本年年底，刘备也前来投靠公孙瓒。可认定赵云此时就认识刘备，因为不久以后，公孙瓒就派遣刘备前往青州抵御袁绍，并派赵云担任骑兵队长。之后赵云似乎长期驻守青州，或在附近地区作战。兴平元年（194年），赵云因为兄长过世，向公孙瓒告假。刘备心中知道，赵云此去就不会再归队了，送行之际，握住他的手不肯放，赵云心中感激，向刘备说："我不会辜负使君的恩德的（终不背德也）。"后来刘备在徐州被曹操击溃，逃奔袁绍，赵云知道消息后，果然前来投靠。这时刘备又使出他争取向心的大绝招：与赵云同床而眠，并且让赵云以自己的名义，背着袁绍私下招募兵马。赵云当然会成为刘备的死忠部下了。

因此看来，小说里赵云和刘备重逢、加入刘备阵营的时间并没有错，但是地点被罗贯中移花接木，挪到了古城附近。

赵云在《三国演义》中的初登场是在公孙瓒麾下抗击袁绍一枪刺死麹义时。

十一万对二万，
官渡之战袁绍为何会失败？

> 曹操探知袁绍兵动，便分大队军马，八路齐出，直冲绍营。袁军俱无斗志，四散奔走，遂大溃。袁绍披甲不迭，单衣幅巾上马；幼子袁尚后随。张辽、许褚、徐晃、于禁四员将，引军追赶袁绍。绍急渡河，尽弃图书车仗金帛，止引随行八百余骑而去。操军追之不及，尽获遗下之物。所杀八万余人，血流盈沟，溺水死者不计其数。
>
> 《三国演义》第三十回
>
> ……袁绍舍命而走。正行之间，右边曹洪，左边夏侯惇，挡住去路。绍大呼曰："若不决死战，必为所擒矣！"奋力冲突，得脱重围。袁熙、高干皆被箭伤。军马死亡殆尽。绍抱三子痛哭一场，不觉昏倒。众人急救，绍口吐鲜血不止，叹曰："吾自历战数十场，不意今日狼狈至此！此天丧吾也！汝等各回本州，誓与曹贼一决雌雄！"
>
> 《三国演义》第三十一回

前面说过，董卓倒台以后，华北群雄混战，最后曹操和袁绍脱颖而出。袁、曹两雄以黄河为界对峙，曹操以兖州、豫州为大本营，就是今天的河南、山东一带，地势低平，四面都有敌人环伺；袁绍则拥有冀、幽、青、并四州，兵力强大，谋臣众多。自从天子被曹操迎走，袁绍自觉慢了一步，悔恨不已，之后就一直在整军备战，想消灭曹操。

官渡战役，这场决定袁绍与曹操命运的关键之战，就在建安五年（200年）二月爆发了。先说双方的阵容和兵力：双方的主帅都亲自出马，袁绍这边，兵力为十一万人，大将有张郃、颜良、文丑、高览、淳于琼等人，谋士则有许攸、郭图、沮授等，还有刘备以"助拳人"的身份，带领张飞、赵云等人参战；曹操这边呢？总兵力还不满两万，郭嘉是参谋长，大将有夏侯惇、张辽、曹仁、于禁等，另外，被曹操俘虏的关羽也在阵中。比起来，曹操的兵力明显居于劣势，气势上也矮了袁绍一截。

可是曹操用兵灵活，弥补了兵力上的劣势。为了避免南、北两面作战，曹操出其不意，先打垮在徐州的刘备军团（就在这时候俘虏了关羽），刘备逃奔袁绍。接着，当袁绍大

沮授是袁绍的谋臣，在官渡之战中多次向袁绍献策而不被采纳。

军渡过黄河，围攻只有七百守军的白马时，曹操佯装要在延津渡河，只用六百精锐击退刘备、文丑带领的五千骑兵，再突然以骑兵回救白马，关羽则斩杀了袁军大将颜良。然后曹军退兵到预设的战场官渡。

袁绍兵多将广，竟然老是吃瘪，于是放弃包围白马，进军到官渡和曹操决战。战争进入僵持阶段，双方各有胜负，但战线并没有移动。于是袁绍部队堆起土山，居高对曹军射箭，曹军用石弹反击；袁军又挖地道，想从地下偷袭曹营，曹军干脆在营区外挖了一条大深沟，想打地道战的袁军只能望"沟"兴叹。

就这样，双方从四月一路苦战到八月，不要说将士们疲惫不堪，曹操自己也快要撑不下去了，他写信给留守许都的荀彧，透露自己有想撤回许都的打算。荀彧回信，极力鼓励曹操，他说："主公现在是以至弱抵挡袁绍的至强，如果您不能打败他，就会被他打败（若不能制，

必为所乘）。何况，袁军虽有人多的优势，主帅袁绍却不懂运用（绍军虽众，而不能用），您现在扼住袁军的咽喉，让他们进退不得（扼其喉而使不能进），再咬牙苦撑一下，不久一定会有大转机出现的（情见势竭，必将有变）。"

曹操听进去了，继续在官渡苦撑，同时派遣曹仁击败在汝南骚扰后方许都的刘备、刘辟部队。不过，荀彧所说的逆转战局的大转机是什么？袁绍阵营内部有什么样的问题？答案就在下一篇当中揭晓。

我们在上面分析了曹操胜利的关键因素在于坚持到底。现在我们来看原本在领土、人数上占优势的袁绍大军，为什么最后会被曹操打得一败涂地。

袁绍失败，其实肇因于战争中期以后，内部向心力完全瓦解，最后士气崩盘，一发不可收拾。知名学者易中天先生为我们点出了三个发生在袁绍阵营里彼此有因果关系的重要事件，这些事件让战争局面急转直下，使袁绍一败涂地，它们分别是："刘备开溜""许攸叛逃"和"张郃反水"（阵前叛变）。刘备投靠袁绍，也参加了官渡战役前期的几场战斗，并且被袁绍派往汝南，和黄巾余党刘辟等人在许都附近打游击，骚扰曹操的后方。但是刘备几次作战，都被曹操击败，折损的还都是袁绍的兵马，袁绍当然不会给他什么好脸色。这时候关羽归

张郃原为袁绍的大将，后遭到谋士郭图的诬陷而转投曹操。

队，刘备干脆以联络荆州刘表的名义，带兵离开袁绍。刘备的"落跑"，显示出他有很高的政治敏锐度，感觉袁绍大概很难打赢这场战役，所以赶快搭救生艇离开，以免和袁绍集团这艘"泰坦尼克号"一起葬身海底。

许攸的逃跑对袁绍来说更是致命。关于许攸为什么背叛袁绍，有很多种说法，比较常见的是：许攸的计策不被袁绍采用，而他的妻小又被审配关押，于是愤而叛逃。许攸是曹操和袁绍共同的朋友，最关键的地方在于：许攸长期担任袁绍的机要参谋，知道太多袁军军事机密，这样的人跑到曹操这里投诚，难怪曹操听到消息，高兴得赤脚出来迎接（操闻攸来，跣出迎之）！许攸告诉曹操的最重要的情报，就是袁绍的储粮重地——乌巢防卫空虚。曹操当机立断，亲自率兵攻击乌巢，逆转了整个战局。

乌巢被攻，消息传来，袁绍阵营陷入慌乱，但假如这时候采取正确的补救措施，也许还不至于大败。当时袁绍手下分成两派，一派主张回兵救乌巢，另一派以谋士郭图为首，认为曹操倾巢而出，大本营防卫必定空虚，不如"围魏救赵"，直扑官渡。袁绍采用了后者的建议，派大将张郃、高览等猛攻官渡，只派小部队去迎战曹操的乌巢攻击军。这个决定，算是敲响了袁绍十一万大军的丧钟！乌巢很快就被曹操攻陷，而官渡却打不下来。郭图等人不愿意承担兵败责任，就向袁绍进谗，说张郃知道乌巢失陷，幸灾乐祸（郃快军败）！这下逼反了前线作战的大将，张郃和高览全军向曹操投降，袁绍军队士气崩盘，又失去粮食补给，于是不战自乱，曹操全线出击，官渡之战的胜败，就此确定。

上面这三个连续发生的事件，说明了袁绍阵营最大的危机：内部分裂。袁绍撤回北方后不久病死，曹操则渡过黄河，持续进击。这时袁氏集团内部，是团结一致共同迎敌，还是继续分崩离析自相残杀？答案就在下一篇当中。

神预测的郭嘉，
一封遗嘱就平定辽东？

（郭）嘉之左右，将嘉临死所封之书呈上曰："郭公临亡，亲笔书此，嘱曰：'丞相若从书中所言，辽东事定矣。'"操拆书视之，点头嗟叹。诸人皆不知其意。次日，夏侯惇引众人禀曰："辽东太守公孙康，久不宾服。今袁熙、袁尚又往投之，必为后患。不如乘其未动，速往征之，辽东可得也。"操笑曰："不烦诸公虎威。数日之后，公孙康自送二袁之首至矣。"

《三国演义》第三十三回

　　袁绍死后，他的三个儿子各拥山头，自相残杀；曹操则趁机继续进攻，平定河北。《三国演义》第三十三回有"郭嘉遗计定辽东"的情节，说是曹操击破袁氏兄弟，接着又要北征乌桓。重要谋士郭嘉途中生病，留在易州（今河北保定）养病，等曹操大破乌桓回到易州的时候，郭嘉已经死去多时了。他临终前写好一封信，交给曹操，大意是要曹操别去追击逃往辽东的袁尚、袁熙兄弟，只要稍待几天，辽东军阀公孙康自然会把袁氏兄弟的人头送上。曹操采纳了郭嘉的遗计，公孙康果然把二袁杀了，献首级给曹操。这是因为郭嘉料准了袁家兄弟和公孙康彼此猜忌，如果乘胜进攻辽东，会促使他们放下私怨，合作抗敌，倘若缓一缓，公孙康和袁氏兄弟"必自相图"，不论谁赢，都是曹操得利。

　　这种极其精准的敌情判断，真的是郭嘉留给曹操的"神奇遗嘱"吗？不是的。根据《三国志·武帝纪》，做出暂缓进攻袁氏兄弟，等待他们自相残杀这一高明决策的，是曹操本人，而不是郭嘉。但郭嘉是曹操争霸前期重要的谋士之一，这点是毋庸置疑的。

郭嘉字奉孝，二十七岁时由荀彧推荐给曹操，被任命为司空军祭酒（参谋长）。郭嘉生性放荡，不守规矩，但是他对时势的判断非常准确，常帮助曹操在关键时刻做出正确的决定，所以曹操说"只有郭嘉能懂我"（唯奉孝为能知孤意）。

另外，郭嘉对政治人物个性的观察非常敏锐，他预言，孙策会遇刺、刘备会成为曹操的麻烦、刘表会因为猜忌刘备而按兵不动……无不言中。郭嘉病死时，年仅三十八岁，曹操非常悲痛，说道："各位都和我年纪相当（诸君年皆孤辈也），只有奉孝最年轻（唯奉孝最少），我本来想把身后的国家重任都托付给他（欲以后事属之），他竟英年早逝，这真是天意吗（命也夫）？"看来，要不是郭嘉早死，他就是曹魏版的"诸葛孔明"了！

郭嘉死在建安十二年（207年），恰好在同年，曹操的宿敌刘备，三顾茅庐，请出了超级战略家、政治家诸葛亮出山相助。曹操失去了郭嘉，刘备却得到了诸葛亮，一来一往之间，历史的天平终于开始偏向倒霉许多年的刘备，也就是说，刘备终于要"出运"（走运）了！

郭嘉是曹操麾下洞察力敏锐的谋士，深得其信赖。曹操曾在赤壁战败后感叹说："郭奉孝在，不使孤至此。"

徐庶真的是因母亲
而转投曹操的吗？

> 　　玄德与徐庶并马出城，至长亭，下马相辞。玄德举杯谓徐庶曰："备分浅缘薄，不能与先生相聚。望先生善事新主，以成功名。"庶泣曰："某才微智浅，深荷使君重用。今不幸半途而别，实为老母故也。纵使曹操相逼，庶亦终身不设一谋。"
>
> 　　　　　　　　　　　　　　《三国演义》第三十六回

　　有句歇后语说"徐庶进曹营——一语不发"，意思是徐庶"人在曹营心在汉"，虽然曹操得到了徐庶的人，但他的心永远和刘备同在。话说自从刘备有了单福当军师，曹操派去攻打刘备的军马，就常吃败仗。曹操问这"单福"是谁？谋士程昱说，单福其实是徐庶的化名，只要把徐庶的老母亲弄来许都，孝顺的徐庶一定会弃刘备而来投丞相的。曹操听了大喜，命程昱依计行事。于是程昱假造徐母笔迹，把徐庶骗到许都，没想到，徐母看见儿子被骗来曹营，竟然自杀了！于是，伤心欲绝的徐庶下定决心，这辈子绝不替曹操出谋划策。

徐庶因母亲而离开刘备，投奔曹操。

在《三国演义》里，徐庶最大的作用，并不是担任刘备的军师，而是把诸葛孔明介绍给刘备。完成这个任务后，徐庶就没有多少戏份了。但作者也不忘交代，要不是因为曹操的诡计，徐庶是不会离开仁义英明的刘备的。当然，史实并不是如此：徐庶是颍川（今河南许昌）人，年轻时和石韬一起到荆州避难，从而认识了诸葛亮、庞统等人，成为"荆州名士俱乐部"的会员。刘备屯兵新野时，徐庶到刘备帐下担任幕僚参谋，可能也就在这个时候，他向刘备提起此地附近有一位名叫诸葛亮的高士。

不幸，刘备和徐庶的缘分比较浅。曹操进军荆州时，刘备被击败，徐庶的母亲被曹军俘虏。徐庶只好向刘备辞职，说自己"心好乱"（方寸乱矣），见曹操去也。当时诸葛亮是在场的，可见两人已经共事了一段时间。当然，徐庶的老母亲一直好好地活着，没有在见到儿子以后就气得要上吊自杀。

徐庶在《三国演义》中最大的作用是推荐诸葛亮。图为徐庶推荐诸葛亮的故事彩绘。

徐庶到北方后，就和刘备集团，以及昔日荆州好友断了联系。《魏略》这本书上说，后来诸葛亮总掌蜀汉朝政，出兵北伐时，得知老友石韬只担任郡守以及典农校尉（屯田指挥官），徐庶则在魏国朝廷官至御史中丞（监察部部长），感慨地说："魏国是不是人才太多用不完哪！

为什么他们两个人没有被重用呢？"（魏殊多士耶！何彼二人不见用乎？）这句话反映出蜀汉人才的缺乏，如果徐庶在蜀汉为官，应该不仅只是御史中丞。不过，由此看来徐庶进曹营，不但没有"不发一语"，意见应该还挺多的，否则，又怎会被拔擢为主管监察百官的御史中丞呢？

荆州名士为何
共同推荐孔明？

（司马）徽曰："孔明与博陵崔州平、颍川石广元、汝南孟公威与徐元直四人为密友。此四人务于精纯，惟孔明独观其大略。尝抱膝长吟，而指四人曰：公等仕进可至刺史、郡守。众问孔明之志若何，孔明但笑而不答。每常自比管仲、乐毅，其才不可量也。"
玄德曰："何颍川之多贤乎！"

《三国演义》第三十七回

从《三国演义》第三十五回起到三十七回，不管刘备走到哪里，总会有人向他推荐：刘董啊，在南阳不远处的卧龙岗上，隐居着一位不世奇才，就是诸葛孔明先生，快去找他来辅佐你吧！

为什么这么多人都向刘备推荐诸葛亮？这涉及当时荆州集团里的暗斗。话说刘表从初平元年（190年）被推为荆州牧以来，把荆州打造成了一个远离北方战乱的小王国。尤其是襄阳一带，成了北方知识分子避难的乐土，人才之旺盛，在当时是首屈一指的。但是随着曹操势力不断壮大，荆州集团内部对于如何和曹操打交道，开始有了严重的分歧。刘表身边的重要幕僚如蒯良、蒯越、将军蔡瑁等人，都觉得曹操是朝廷丞相，能够收拾乱局，重建秩序，主张投降曹操。这一派人和刘表的关系近（蔡瑁是刘表次子刘琮的岳父，姐蔡氏是刘表后妻），在权力斗争里占了上风，刘表病逝以后，他们让次子刘琮继位，向曹操归降。曹操进入荆州后，奖赏"亲曹派"的顺服之功，光是封侯的，就有十五人之多。

另一派人，或是基于现实政治利益，或是对曹操掌握朝政以来的许多作风感到不满，主张抵抗曹操到底。这一派的主要人物是江夏太守黄祖和由北方避难而来的名士们。他们共同拥护刘表长子刘琦，希望由他继承刘表之位，抵抗曹操。不幸的是，就在曹操南征前夕的建安十三年（208年），"反曹派"遭受重大打击：是握有兵权的大将黄祖死于孙权第三次攻击江夏之役，刘琦失去了最大的靠山，为了避免在襄阳城中遭到"亲曹派"暗杀，只好向父亲自告奋勇，到江夏去收拾残局，形同遭到放逐。

孔明隐居在卧龙岗，才能深受荆州名士肯定。

刘表病重，"亲曹派"当权，刘琦又离开襄阳，怎么办呢？荆州名士们觉得拥护屯兵新野的刘备继续抵抗曹操，是个不错的选择。但刘备这间小公司的规划人才实在太弱，于是众人有了共识：把诸葛亮介绍给刘备！诸葛亮的两个姐姐，一个是名士庞山民之妻，一个嫁给望族蒯氏，他本人与荆州集团也关系很深，又能认同刘备"中兴汉室"的政治理念，由他出面辅佐刘备，代表荆州集团的立场，真是再合适不过了。

　　刘表苦心经营十多年的独立王国，随着他的病死以及曹操的南进而宣告结束。荆州的人才，从这时候开始由曹操和刘备平分，后来孙权虽然抢到荆州，但是只能分到一点肉渣了。

"三顾茅庐"
是虚构还是史实?

> 离草庐半里之外,玄德便下马步行,正遇诸葛均。玄德忙施礼,问曰:"令兄在庄否?"均曰:"昨暮方归。将军今日可与相见。"言罢,飘然自去。玄德曰:"今番侥幸得见先生矣!"
>
> 《三国演义》第三十八回

从第三十七回下半段"刘玄德三顾草庐"起,到第三十八回前半段"定三分隆中决策",《三国演义》花了一回的篇幅,讲求贤若渴的刘备,在听过徐庶、水镜先生、庞山民、诸葛均等人对神龙见首不见尾的"卧龙"孔明先生的形容之后,历经三次拜访,终于把大贤诸葛亮请出山的感人故事。这就是"三顾茅庐"。

可是,在历史上,却出现过完全相反的记载。所谓完全相反,就是否认有"三顾茅庐"这回事,而说是诸葛亮主动求见刘备的。裴松之引用《九州春秋》和《魏略》这两本书上的说法:诸葛亮到樊城去拜访刘备,刘备不认识他,又看他年纪轻,就自顾自用牛尾编织毛毯,不太搭理他。诸葛亮就问刘备:"将军觉得刘表和曹操相比如何?"(将军度刘镇南孰与曹公耶?)刘备回答:"比不上。"诸葛亮又问:"那您自己和曹操比呢?"(将军自度何如也?)刘备答:"也不如。"这时诸葛亮就正色说道:"既然都比不上,将军这里只有区区数千人马,要抵抗曹操,还不快想想办法吗?"(今皆不及,而将军之众不过数千人,以此待敌,得无非计乎!)刘备问:"是呀!我也正烦恼这事,要怎么办才好?"诸葛亮就向刘备建议,把荆州的游民集合起来,充实部队。刘备从这时起，才发觉诸葛亮很有些办法，于是以上宾之礼相待。

这种说法靠得住吗？答案是很靠不住！裴松之在这段引文的后面，已经替我们驳斥了。他写道：虽然与传闻不大一样，但能够荒谬成这样，也实在太令人难以置信了！为什么裴松之这么肯定是刘备去找诸葛亮呢？陈寿在《三国志·诸葛亮传》里说，刘备拜访孔明，"去了三次，终于见着了"（凡三往，乃见），诸葛亮自己在《出师表》里也说过，"先帝不以臣卑鄙，猥自枉屈，三顾臣于草庐之中，咨臣以当世之事"。这不但说明所谓"三顾茅庐"确有其事，而且刘备和诸葛亮谈的是未来整个集团发展的大战略，而不是如何收编游民。看来究竟是谁先见谁，已经有定论了！

刘备三顾茅庐才请出诸葛亮出山辅助。

假如我们跨越时空，召开"时光法庭"，卧龙先生说不定会想告《魏略》的作者鱼豢、《九州春秋》的作者司马彪两人"扭曲事实"呢！

决定未来
三分天下的"隆中对"

孔明曰:"自董卓造逆以来,天下豪杰并起。曹操势不及袁绍,而竟能克绍者,非惟天时,抑亦人谋也。今操已拥百万之众,挟天子以令诸侯,此诚不可与争锋。孙权据有江东,已历三世,国险而民附,此可用为援而不可图也。荆州北据汉、沔,利尽南海,东连吴会,西通巴、蜀,此用武之地,非其主不能守;是殆天所以资将军,将军岂有意乎?益州险塞,沃野千里,天府之国,高祖因之以成帝业;今刘璋暗弱,民殷国富,而不知存恤,智能之士,思得明君。将军既帝室之胄,信义著于四海,总揽英雄,思贤如渴,若跨有荆、益,保其岩阻,西和诸戎,南抚彝、越,外结孙权,内修政理;待天下有变,则命一上将将荆州之兵以向宛、洛,将军身率益州之众以出秦川,百姓有不箪食壶浆以迎将军者乎?诚如是,则大业可成,汉室可兴矣。"

《三国演义》第三十八回

　　刘备和诸葛亮终于见面了。这对君臣的第一次见面谈了什么?为什么这次被史家称为"隆中对"的见面这么重要,决定了未来三分天下的走势?

　　在《三国志·诸葛亮传》里,关于"三顾茅庐"的叙述很简单,只有"凡三往,乃见"五个字,可是这短短五个字,到罗贯中手里,却发展出七千字的精彩故事来。至于刘备在诸葛亮的草庐里谈了什么,《三国演义》倒是和《三国志》的记载大致相同,除了孔明神秘兮兮地拿出"西川五十四州地形图"送给刘备这点纯属虚构外,其他都和史实相符。

《三国演义》难得会如此"尊重历史",其中一个原因,是正史记载"隆中对"的原文,本来就十分引人入胜。《三国志》记载刘备亲自到诸葛亮家进行"面试",他诚恳地进行开场白:"汉室倾颓,奸臣篡权,主上蒙尘。我不自量力,想要将君臣的大义昭信全国(备不量力,欲伸大义于天下),无奈我才智不足,也欠缺谋略,常遭到失败,以致到了今天这个地步(而智术浅短,迄无所就)。但我壮志还在(然志犹未已),您说我接下来该怎么办呢?"

史载诸葛亮沉稳、有条理地回答刘备的口试:"想要恢复汉室,需要谋略。现在的情势是,曹操在中原已经统治超过百万的人民,又挟天子以令诸侯,不能和他硬碰硬(此诚不可与争锋)。东吴孙权,统治江东已经三代,有很多贤能的人辅佐,民心安定,看来只能引为盟友,而没办法夺取(此可以为援而不可图也)。现在能做的,第一是拿下战略要地荆州,接着可以进图益州。益州这地方,土地肥沃、易守难攻,州牧刘璋又是昏庸软弱之人,手下贤士都渴望明主。将军您既是皇室宗亲,又有名气人望,拿下荆、益两州,联合东吴,治理内政,假如北方有什么变故,就命令一员大将带荆州军团攻击宛城、洛阳,将军您亲自率领益州兵团跨越秦岭,直取长安,那您的壮志就可以实现,汉朝也可以中兴了!"

看来诸葛亮替长期东奔西跑、没有立足之地的刘备,点亮了一盏明灯:先取荆州,再西

刘备第三次终于成功见到诸葛亮,此次两人见面谈话的内容被称为"隆中对"。

进占据益州的大战略！难怪刘备听了这番话，要说他是"如鱼得水"了！只是，当时没有录音设备，刘备与孔明对谈时，又没有旁人，陈寿如何得知这场"超完美口试"？所以作家陈文德先生推论：刘备与诸葛亮可能不只是谈了一天，"隆中对"或许是君臣两人长时间交换意见所得出的共识。这样的推论，也不无道理。

博望坡之战
其实跟诸葛亮没有关系！

> 后人有诗曰："博望相持用火攻，指挥如意笑谈中。直须惊破曹公胆，初出茅庐第一功！"
>
> 《三国演义》第三十九回

在《三国演义》里，博望坡之战是很重要的，不只因为这场战役规模浩大，还因为它被描写成孔明军师"初出茅庐"后打的第一场胜仗、立下的第一功。孔明初出茅庐后，因为还没有什么表现，关公与张飞都觉得刘备对孔明太好，心中不服，所以当探马来报曹军大将夏侯惇、李典带十万人马杀向新野时，为了号令关、张、赵诸将，孔明还得向刘备请了印信和宝剑，才能调度关、张出击。这一仗不但烧掉了曹操十万兵马和粮草，也奠定了孔明军师在刘备部将心目中神机妙算的口碑基础。

现在我们回过头来看正史记载的博望坡之战。比对这场战役双方参与者的传记可以知道：博望

博望坡之战，曹军方面领军的大将是夏侯惇，以独目闻名。

坡之役其实是刘备自己打的胜仗，和诸葛亮一点关系也没有。这场战役的大概经过是这样的：刘表命令刘备进军到叶县这个地方，和曹操派出的夏侯惇、李典等部队对抗，双方僵持不下。某日，曹军突然发现刘备自己把营寨烧了撤兵逃跑，夏侯惇立刻就要前去追击，李典阻止道："贼人无缘无故就退走，一定有埋伏，况且往南的道路狭窄，草木繁茂，还是别追为好（贼无故退，疑必有伏。南道狭窄，草木深，不可追也）。"夏侯惇不听，果然中了刘备的埋伏，被打得大败，还好李典前来救援，才没有落个全军覆没的下场。

　　这场战役，从时间上来看，似乎也不是曹操攻打荆州的前哨战。虽然《三国志》里没有注明发生的时间，不过在《先主传》里，在记载这场战役后，接着又说：建安十二年（207年），曹操北征乌桓，刘备向刘表建议，趁这个机会，出兵偷袭许都，不过刘表并没有采纳。我们都知道，诸葛亮在刘备"三顾茅庐"之后出山，也是207年，由记载的顺序来看，博望坡之役在诸葛亮加入刘备阵营之前。其实，这场战役当中，刘备利用夏侯惇等人的轻敌心理，设下埋伏，引诱敌人前来，一举攻破，用的是伏兵之计，真正用到火的地方并不多，真要说派上了用场的"火攻"，恐怕只有自己烧毁营寨的那把火吧。

博望坡之战是诸葛亮登场后的第一战。

为什么有句俗话叫
"说曹操，曹操到"？

> 时秋末冬初，凉风透骨；黄昏将近，哭声遍野。至四更时分，只听得西北喊声震地而来。玄德大惊，急上马引本部精兵二千余人迎敌。曹兵掩至，势不可当。玄德死战。正在危迫之际，幸得张飞引军至，杀开一条血路，救玄德望东而走。
>
> 《三国演义》第四十一回

俗话"说曹操，曹操到"的意思是某人适时出现在谈论他的场合。但是，为什么是曹操而不是其他人？关于这句俗语的历史起源，有两种说法：一种是说曹操派特务侦察朝中公卿有无私下毁谤朝廷，只要查获，立即逮捕，所以是"说（批评）曹操，曹操（的人马）到"；另外一种说法是指曹操用兵如神，敌人还在开会讨论战略，才谈到曹操，他的军队就已经杀到了。

这两种说法，哪一种才对呢？第一种说法，指曹操派特务监视公卿大臣，在正史上，曹魏的确发展出类似特务的"校事"制度，但这个制度发展到文帝以后才上轨道，况且"校事"也不像明朝锦衣卫那样厉害，简直无孔不入。而曹操善于用兵，这是连敌人都公认的。诸葛亮就说过，"曹操用兵，好比古代名将孙膑和吴起"（曹操用兵，仿佛孙吴）。曹操擅长骑兵战术，尤其很能捕捉战机，发动奇袭，一举使敌人崩溃。所以，这句俗语出自第二种说法的可能性较大。

曹操所发动的经典突袭，除了官渡之战时闪电攻击乌巢这个例子以外，相信《三国演义》的读者都知道，刘备带着十万百姓，从樊城撤退，夜宿当阳，被曹军追上的故事。现在我们来看《三国志·先主传》怎么形容这场曹操发动的突击战。

曹操率大军南下，刘备因舍弃不下新野与樊城的百姓，又怕曹操屠城，因此就带上百姓一起转移。图为刘备携民渡江的故事彩绘。

话说曹操收降刘琮后，得到情报：刘备正往南撤退。曹操认为江陵战略地位重要，又是刘表储藏军备的处所，怕被刘备抢先占了（曹公以江陵有军实，恐先主据之），于是当机立断，命令全军放下重装备（乃释辎重），轻装赶到襄阳（轻军到襄阳）。但这时刘备已经走远，于是曹操亲自率领五千虎豹骑急追，气势汹汹地赶来了。史书上记载：一日一夜急行三百余里！曹军终于在当阳长坂坡附近追上刘备的军民混合队伍。

"说曹操，曹操到！"曹军精锐骑兵冲进乱成一团的刘备阵营里，刘备赶紧抛下妻子儿女，和诸葛亮、张飞、赵云等数十骑逃走，曹操俘获刘备的妻子和两个女儿，以及大部分的士兵其及眷属、粮食和军械（曹公大获其人众辎重）。请注意：这是刘备第二次被曹操打得连老婆、孩子都丢了，落荒而逃（第一次是在徐州）！曹操用兵之果决神速，由此可见。

刘备被打垮时，诸葛亮是跟在他身边的。小说中为了不让大家看到孔明面对曹操的轻骑兵束手无策只能跟着逃跑的样子，就提前安排他到江东求救兵去了。其实在历史上，曹操这场闪电突击战，诸葛亮是目击证人之一，这场战役也让他印象深刻，很久以后他都还回忆说："后值倾覆，受任于败军之际，奉命于危难之间。"

收降刘琮、打垮刘备、进占江陵，看起来曹操挥兵南下的目标，已经完成大部分了，但如果真是这样，他又为什么没事写封"恐吓信"去吓唬江东的孙权呢？（请见下下篇）曹操真正想要对付的敌人，究竟是谁？

"赵子龙单骑救主"
是真是假？

> 却说曹操在景山顶上，望见一将，所到之处，威不可当，急问左右是谁。曹洪飞马下山大叫曰："军中战将可留姓名！"云应声曰："吾乃常山赵子龙也！"曹洪回报曹操。操曰："真虎将也！吾当生致之。"遂令飞马传报各处："如赵云到，不许放冷箭，只要捉活的。"因此赵云得脱此难；此亦阿斗之福所致也。这一场杀：赵云怀抱后主，直透重围，砍倒大旗两面，夺槊三条；前后枪刺剑砍，杀死曹营名将五十余员。
>
> 《三国演义》第四十一回

　　为了缓和刘备被曹操打得大败的气氛，也为了彰显刘备手下各将领即使在天崩地裂之时，仍旧尽忠职守、奋战到底的忠勇节操，《三国演义》特别在第四十一、四十二两回当中，安排了"赵子龙单骑救阿斗"和"张翼德长坂桥退曹兵"两大动作场面。这两件事并不是凭空捏造，而是根据历史记载加工而成的。现在我们要说的，就是赵云于百万军中勇救阿斗的故事。

　　在小说里，刘备撤退时，指派赵云保护他的妻小，但在当阳一战后，赵云却和刘备的甘、糜两夫人以及儿子阿斗失散了。赵云在敌军环伺的情况下四处寻找，中间还杀了曹操的背剑官夏侯恩，夺了青钉宝剑，终于在一处半倒民屋找到糜夫人和阿斗。糜夫人腿部中枪，不能行走，心知无法脱险，于是把阿斗交给赵云，自己跳井而死。赵云把阿斗护在盔甲护心镜里，拼死力战，势若疯虎，杀得曹军人人胆战心惊。赵云自己"血染征袍透甲红"，终于杀出重围，把阿斗交到刘备手上。谁知刘备才接过赵云舍命救出的阿斗，竟然就往地上一扔，说："为了这小孩，几乎损我一员大将！"这表示刘备看重的不是自己的阿斗，而是大将赵云！歇后语"刘备摔孩子——收买人心"就是这样来的。

小说里这段"单骑救主"的故事，在《三国志》里是一段简单的描述：当时刘备在当阳被曹军追上，刘备抛弃家小，往南逃走（弃妻子南走），这时候赵云一边抱着年幼的后主刘禅（云身抱幼子，即后主也），一边保护后主的生母甘夫人，使他们都能脱险（皆得免难）。几十年以后，刘禅在追谥赵云的诏书上，回忆起当年，写道："朕年幼的时候（朕以幼冲），遭遇险境（涉途艰难），靠赵云的忠诚保护（赖恃忠顺），得以脱离危险（济于危险）。"《三国演义》里"赵子龙单骑救主"的情节，大概就是这样发展而来的。不过，赵云并没有杀了夏侯恩，抢了青钉剑，因为这一人一剑，都是虚构的。史实中赵云救出的是甘夫人，至于糜夫人，很可能在刘备徐州兵败时，就成了曹军的俘虏，根本没回到刘备身边过。

至于刘备摔孩子这一幕，当然也是小说创作的。不过很奇怪的是，《赵云别传》中的一段记载，却没有被小说所采用。故事是这样的：刘备在当阳吃了大败仗，有人向他打小报告

"单骑救主"是赵云在《三国演义》中最有名的事迹。

说赵云往北投靠曹操去了（有人言云已北去者），刘备气得拿戟丢过去（先主以手戟掷之），说子龙不会离我而去的（子龙不弃我走也）。果然，赵云不久后就归队了（顷之，云至）。从这个故事看来，刘备对赵云不但深具信心，还不准别人说他的坏话。有这样信任他的老板，难怪赵云拼命也要救出阿斗了！

曹操有没有给孙权
写过恐吓信？

（孙）权将曹操檄文示（鲁）肃曰："操昨遣使赍文至此，孤先发遣来使，现今会众商议未定。"肃接檄文观看。其略曰：孤近承帝命，奉词伐罪。旌麾南指，刘琮束手；荆襄之民，望风归顺。今统雄兵百万，上将千员，欲与将军会猎于江夏，共伐刘备，同分土地，永结盟好。幸勿观望，速赐回音。

《三国演义》第四十三回

刘琮投降，刘备溃败，一连串的消息，已经让江东孙权集团的众人坐立不安了，怎想到孙权又收到曹操一封信，说要和他"共伐刘备"！《三国演义》里，孙权召开军事会议，从张昭以下的文臣们，全都被这封信给吓住了，纷纷主张投降。还好有鲁肃稳住孙权的信心，又有孔明舌战群儒，才促成孙、刘联合抗曹的局面。

从事后诸葛的角度来说，曹操写的这封信让孙权很快就体认到：曹操下一个对付的，就是江东！这对曹操后续的军事行动，起了很大的反效果，各个击破刘备、孙权的可能性，也因此幻灭。那么我们的问题就来了：曹操有没有写这封信？如果有，他的目的是什么？

曹操给孙权的这封信，《三国志》正文并没有收录，而是出现在裴松之引用的《江表传》里。按照易中天先生在《品三国》里的推测，曹操这封"恐吓信"有三种可能性：第一种是曹操写了，目的是向孙权下最后通牒——如果你不像刘琮那样乖乖归顺，就等着瞧吧！第二种是曹操写这封信，想吓住孙权，让他不要帮助刘备，至少也要保持中立。第三种是曹操根本就没写这封信！这封信很可能是由孙权或刘备方面的人假造出来的，以作为和曹操开战的借口。有些学者认为，第二种推测，也就是想吓唬孙权，可能性最大。为什么呢？当时刘备逃往夏口，根据《三国志》记载：曹操的幕僚们大多推测，孙权会杀了刘备，只有程昱不以为然；既然大多数幕僚都这样推测，曹操自己又有官渡战后按兵不动，让袁谭、袁尚兄弟自相残杀的成功案例，他会认为孙权收到恐吓信后，为了避免自己真的打过来，而把刘备杀掉，也是很合理的。

孙权十九岁时，因其兄孙策遭刺杀身亡，继承掌握江东政权，成为江东地区的诸侯。

我的看法是，不论曹操有没有写这封信，结果都是一样的。因为曹操打败刘备以后，下一个要对付的敌人，的确就是孙权。但是，曹操小看了孙权，这位时年仅二十七岁的江东少主，并不像荆州刘琮那样，三两下就被吓倒了；而江东诸贤也不同于荆州群臣，除了鲁肃以外，还有一人，不但确立了抗击曹操的方针，还亲自领军打败了曹操大军！他就是下一篇当中正式登场的周瑜。

周瑜主战是因为
曹操想要"揽二乔"？

> 周瑜听罢，勃然大怒，离座指北而骂曰："老贼欺吾太甚！"
> 孔明急起止之曰："昔单于屡侵疆界，汉天子许以公主和亲，今何
> 惜民间二女乎？"瑜曰："公有所不知：大乔是孙伯符将军主妇，
> 小乔乃瑜之妻也。"孔明佯作惶恐之状，曰："亮实不知。失口乱
> 言，死罪！死罪！"瑜曰："吾与老贼誓不两立！"
>
> 《三国演义》第四十四回

曹操大军兵临荆州，刘琮不战而降，刘备跟着溃败，接着孙权又收到恐吓信，看来曹操正对江东虎视眈眈！曹操是朝廷丞相，一向"奉天子以讨不臣"，东吴诸臣听到消息，都感到恐慌，除了鲁肃以外，都主张投降以保平安。孙权不愿意投降，但要真的和曹操打一仗，又没有把握，于是找来周瑜共商对策。周瑜回到柴桑以后，鲁肃领着孔明去见他，谁知道，原本以为是铁杆主战派的周瑜，却告诉鲁肃，他也想干脆投降算了！这就是《三国演义》第四十四回"智激周瑜"的背景。

小说中，孔明看周瑜这个态度，决定用计激一激他：孔明假装不知周瑜的妻子是小乔，故意把曹操儿子曹植所作的《铜雀台赋》改动一番，说是"揽二乔于东南兮，乐朝夕之与共"！这下可把周瑜给气坏了，曹操竟然想揽着他的爱妻到铜雀台朝夕与共！这还能忍耐吗？当场也不用再装，说自己早就存了和曹操势不两立之心，孔明的计策大获成功。

正史上的周瑜当然不是这种冲动又禁不起激的德行，而是立场坚定、考虑周到的主战派，一贯主张抵抗曹操。史书记载，诸葛亮担

任刘备特使，到东吴劝说孙权和刘备合作抗曹。虽然他的分析很有根据，但孙权一时不能骤下决断，于是召见周瑜，询问他的看法。周瑜开场就很清楚地点明："曹操虽说是汉朝丞相，其实根本就是残害汉朝最深的乱臣贼子（操托名汉相，实为汉贼）！"接着，周瑜分析曹操的各项弱点：第一，北方仍然有韩遂、马超等人盘踞关中，曹操有后顾之忧；第二，曹操手下大多是北方人，骑兵擅于在平原作战，对江湖水战一窍不通，降低战斗力；第三，曹操号称有水军八十万，听起来吓人，其实根本没那么多。曹操从北方带来的部队，顶多十五六万人，收降荆州原刘表兵马，得七八万人，满打满算总共也才二十四万人，而且士气和战斗力并不高。总结以上，周瑜向孙权保证，只要有五万人马，就有把握击败曹操。孙权抵抗曹操的决心，于是确立。

从上面这番话看来，周瑜分析得敏锐而深刻，决心极大，态度踏实，不像小说中说的那样，只因为孔明瞎掰曹植的《铜雀台赋》，就气呼呼地要找曹操拼命；而孔明也没有订阅《许都日报》艺文版，又从哪里知道曹植有新作发表呢？至于在吴宇森导演的电影《赤壁》里，大将曹洪说曹操发动这场战役，全是为了小乔，这和真正的三国历史可就差得更远了！

二乔指大乔、小乔，分别是孙策、周瑜的妻子。

蒋干盗书是真是假？
他过江做了些什么？

> （周）瑜整衣冠，引从者数百，皆锦衣花帽，前后簇拥而出。蒋干引一青衣小童，昂然而来。瑜拜迎之。干曰："公瑾别来无恙！"瑜曰："子翼良苦，远涉江湖，为曹氏作说客耶？"干愕然曰："吾久别足下，特来叙旧，奈何疑我作说客也？"瑜笑曰："吾虽不如师旷之聪，闻弦歌而知雅意。"
>
> 《三国演义》第四十五回

曹操进兵三江口，和周瑜水军接战，曹军因为不习水战，吃了败仗。曹操养的一个叫蒋干的宾客，自告奋勇，说自己是周瑜的老同学，可以去说降周瑜。刚好周瑜这边正烦恼着要怎么除掉曹军水军都督蔡瑁、张允，于是将计就计，召集部属摆下"群英会"给蒋干接风，接着伪造蔡、张两人通敌的书信，故意让蒋干偷走，拿回去献给曹操。果然曹操一时不察，杀了蔡、张两人。等到刽子手把两人血淋淋的首级献上来，曹操才猛然省悟：中了周瑜之计！看来蒋干真是犯了大错了，不但被老同学耍着玩，还害老板错砍了得力的属下。小说里"蒋干盗书"这个"反间计"，还被很爱看《三国演义》的清朝官员学来照用，让崇祯皇帝杀了大将袁崇焕。

蒋干有没有偷拿假造的机密信件，让曹操中了反间计，错杀蔡瑁、张允？答案是没有。那蒋干有没有渡江，代表曹操去见周瑜？有的，但是时间并不是在赤壁之战前夕。根据《江表传》的记载：曹操看到周瑜年纪轻轻又这样有才能，就私下到了扬州，请蒋干去见周瑜，为的是挖角。假如这事发生在赤壁战前，曹操又怎么能私下离开军队，从湖北前线到扬州去？所以《资治通鉴》把这件事情安排在战后隔年，即建安十四年（209年）。

史书上说，周瑜知道他这个同乡（不是同学）的来意，先说自己公务繁忙，让他等了三天，接着摆酒宴招待他。席间，周瑜对蒋干说道：我很幸运，遇上了能赏识我的老板（遇知己之主），外表看是老板和部属的关系（外托君臣之义），实际上比骨肉兄弟还要亲（内结骨肉之恩），所以，就算是古时候的名嘴复生，想来说动我跳槽，也是徒劳，何况老兄您哪！蒋干听了，知道挖角没指望，于是来个沉默的微笑。他回去以后对曹操说周瑜"雅量高致"，不是用言语可以打动的。看来不但周瑜厉害，蒋干也不笨，知道周瑜话里的意思，所以就保持风度，不让场面难看。当然，也就没有接下来小说里"蒋干盗书"，半夜偷跑回江北的小丑行为了！

蒋干是个什么样的人，为什么能够代表曹操，挖角周瑜？我们来看《江表传》的介绍：蒋干"相貌堂堂（有仪容），擅长辩论（以才辩见称），在当时长江、淮河一带算是第一号人物（独步江淮之间），没有人比得上（莫与为对）"。看来，真实的蒋干是三国时代的"长江第一名嘴"呀！

"蒋干盗书"反映了周瑜的智计与曹操的多疑，图为"蒋干盗书"彩绘。

"草船借箭"真的发生过，但主角不是孔明？

少顷，旱寨内弓弩手亦到，约一万余人，尽皆向江中放箭：箭如雨发。孔明教把船吊回，头东尾西，逼近水寨受箭，一面擂鼓呐喊。待至日高雾散，孔明令收船急回。二十只船两边束草上，排满箭枝。孔明令各船上军士齐声叫曰："谢丞相箭！"比及曹军寨内报知曹操时，这里船轻水急，已放回二十余里，追之不及。曹操懊悔不已。

《三国演义》第四十六回

　　话说周瑜嫉妒诸葛孔明有经天纬地之才，每每想找机会把他除掉，可惜总被孔明识破。这次周瑜又借机生事：要求孔明在十日内造十万支箭，以备军用。孔明不但一口答应，还说十天太长，他只需三天就能搞定。周瑜大喜，心想这次一定杀得成孔明。孔明这边，前两天毫无动静，直到第三天凌晨，才和忧心忡忡地前来探望的鲁肃，带着备妥的船只乘雾出江，到曹军水寨前擂鼓呐喊，曹军不知来犯的敌军有多少，又因为大雾不敢出寨迎战，干脆以箭雨抵挡。于是便成就了孔明"草船借箭"的奇谋。

　　"草船借箭"这段描述，文辞生动、节奏紧凑又引人入胜，可惜是小说家的虚构，目的是打造孔明神机妙算的形象。仔细想想，这个计划还挺"瞎"的。如果孔明真的和鲁肃半夜带船队到曹军水寨前挑衅，就算每条船上都扎满草人，并且鼓噪呐喊，曹军也不用多射箭，反正大雾弥江，直接射几支火箭不就得了？这样一来，孔明等人本想用来借箭的草船，没几下就会变成"烧王船"了！想必小说里智谋百出的孔明，应该不会忽略这点吧！

　　不过三国史上的确有类似"草船借箭"的事迹，配合演出担任反派的，也还真是曹操，男主角当然不是诸葛亮，而是东吴孙权。在建安十七年（212年）十月，曹操解决了盘踞关中的军阀马超、韩遂以后，亲自带兵来攻打孙权，双方在濡须口（今安徽无为）附近对峙。裴松之引《魏略》的记载：孙权屡次挑战，曹军却坚守不出，孙权亲自带了船队，驶近曹军营寨处查看虚实，曹军察觉，须臾间万箭齐发，孙权坐的船受重不均，向一边倾斜，于是孙权命令船只掉头，让另一边也受箭使船只恢复平稳，之后便徐徐退去了。这段故事其实表现出的是孙权的勇敢沉着：敢于亲自上前线视察，在突然遭受攻击时，还能冷静观察局势，命令掉转船头，真不愧是将门虎子！而孙权此行，当然不是想和曹操借箭，真正用意是观察敌人动静，只不过被罗贯中来了个移花接木，加工一番，就成了赤壁战前孔明先生一段艺高人胆大的插曲了。

　　草船借箭是诸葛亮最知名的计谋之一，但实为虚构桥段，真正使用草船借箭的主角是孙权。

黄盖诈降，
但没有"苦肉计"

却说周瑜夜坐帐中，忽见黄盖潜入中军来见周瑜。瑜曰："公覆夜至，必有良谋见教。"盖曰："彼众我寡，不宜久持，何不用火攻之？"瑜曰："谁教公献此计？"盖曰："某出自己意，非他人之所教也。"瑜曰："吾正欲如此，故留蔡中、蔡和诈降之人，以通消息；但恨无一人为我行诈降计耳。"盖曰："某愿行此计。"瑜曰："不受些苦，彼如何肯信？"盖曰："某受孙氏厚恩，虽肝脑涂地，亦无怨悔。"瑜拜而谢之曰："君若肯行此苦肉计，则江东之万幸也。"盖曰："某死亦无怨。"遂谢而出。

《三国演义》第四十六回

很多人都对"苦肉计"和歇后语"周瑜打黄盖——一个愿打，一个愿挨"耳熟能详。东吴老将黄盖故意和周瑜叫板，挨了五十军棍，让曹操相信他是真心投降。读者也都知道，黄盖的送信人是东吴参军阚泽。阚泽自告奋勇，扮作渔夫到曹营送降书，《三国演义》把曹操的狐疑与阚泽的艺高人胆大描写得真是生动极了，相信大家在读这一段时，没有不为阚泽捏把冷汗的。

黄盖诈降是赤壁之战周瑜击破曹军的关键，史上确有其事，只不过若干细节和小说中的不大相同。《三国志》当中说，周瑜的部将黄盖向他献策，说："我观察敌情，敌军人数众多，如果相持不下，对我军不利。但我发现曹军船舰首尾相连，可用火攻把他们打退。"（今寇众我寡，难与持久。然观操军船舰，首尾相接，可烧而走也。）周瑜采纳。于是黄盖准备大船数十艘，装满稻草，事先用油灌入，再以帷幕遮掩，

被误解的三国

周瑜打黄盖——一个愿打，一个愿挨。

然后写信给曹操，声称要投降。裴松之引用《江表传》中黄盖的诈降信，说"周瑜、鲁肃见识浅薄，非要以江东六郡抗衡中原，大家都知道这是寡不敌众的，所以我（黄盖）仔细考虑以后，决定前来为丞相（曹操）效命，周瑜的部队，当然不能抵挡丞相大军，我会见机行事，为丞相立功"。到了约定日期，曹军将士都在引颈期盼，这时黄盖带领预备好的船只，顺风而来，同时放火，顿时烈焰熏天，"人马烧溺死者甚众"，向来不可一世的曹军，就这样被击溃了。

从上面这段史实来看，黄盖诈降是有的，但是并没有"苦肉计"这回事；阚泽献降书这件事，恐怕也是子虚乌有。为什么呢？根据《三国志》，孙权为骠骑将军时，阚泽踏入政界，被征召入孙权的幕府中担任西曹掾（约相当于西厢办公室主任）。孙权任骠骑

黄盖是赤壁之战的要角。

将军，是在建安二十四年（219年），赤壁之战都结束十一年了，阚泽又怎么能为黄盖送降书呢！再者，阚泽在历史上以儒学见重，个性"谦恭笃慎"，孙权称帝后，如果对经典有疑问，便常常咨询他的意见。看起来阚泽是一位学者型的人物，与小说中智谋机变的模样，也有很大的差距。如果周瑜真的决定派这样一位老实谨慎的"研究员"去当"神鬼间谍"，送这么关键的诈降书，风险也太大了！

曹操在赤壁战前吟了首不吉利的诗？

> 曹操正笑谈间，忽闻鸦声望南飞鸣而去。操问曰："此鸦缘何夜鸣？"左右答曰："鸦见月明，疑是天晓，故离树而鸣也。"操又大笑。时操已醉，乃取槊立于船头上，以酒奠于江中，满饮三爵，横槊谓诸将曰："我持此槊，破黄巾、擒吕布、灭袁术、收袁绍，深入塞北，直抵辽东，纵横天下，颇不负大丈夫之志也。今对此景，甚有慷慨。吾当作歌，汝等和之。"
>
> 《三国演义》第四十八回

《三国演义》第四十八回有"宴长江曹操赋诗"一段：话说曹操进兵三江口，十月某个夜晚，曹操在船上大宴诸将。酒过数巡，曹操微醺，诗兴大发，就取槊（长矛）站在船头，横槊赋诗。扬州刺史刘馥却上前说，诗中有"月明星稀，乌鹊南飞，绕树三匝，无枝可依"的句子，大军正在作战，恐怕不太吉利。曹操一怒之下，顺手用槊刺死刘馥。翌日曹操酒醒，甚为后悔，于是下令厚葬刘馥。

罗贯中加上这段场景，用意是突显曹操顾盼自雄，但是即将盛极而衰，被刘备、周瑜的正义之师击败。刘馥提醒曹操，说他诗中有"不吉之言"就是证据。正史上曹操有没有"横槊赋诗"呢？我们知道曹操既是政治家，也是诗人，的确很有可能在进军赤壁时，遥望山光水色，心中有所感触。可是我们很确定的是，这时曹操即使吟诗，也不会是"月明星稀，乌鹊南飞"！

这首诗是曹操《短歌行》的第一首，创作时间不详，不过据学者研究，应该是创作于赤壁战败以后。从诗里低沉苍凉的心境（忧从中来，不可断绝），以及对招纳贤才的渴求（山不厌高，海不厌深。周公吐哺，天下归心）来看，这首诗很可能是建安十五年（210年）曹操颁布《求贤令》时的作品，不太像是曹操在赤壁战前，气焰滔天时会写出的诗作。

罗贯中把这首诗安排在战前，则很可能是受了苏轼名作《前赤壁赋》的启发。苏东坡写道："'月明星稀，乌鹊南飞。'此非曹孟德之诗乎？西望夏口，东望武昌，山川相缪，郁乎苍苍，此非孟德之困于周郎者乎？方其破荆州，下江陵，顺流而东也，舳舻千里，旌旗蔽空，酾酒临江，横槊赋诗，固一世之雄也，而今安在哉？"所以，"横槊赋诗"其实是苏东坡的文学想象，也是对曹操文武双全、"一世之雄"人生的一种歌咏。

曹操既是政治家，也是诗人，文学造诣深受肯定，图为曹操拿着长矛在船头吟诗。

最后，顺道一提，小说中那位提醒曹操别作"不吉之言"，结果惨遭杀害的倒霉扬州刺史刘馥，其实并不是被曹操杀害的。刘馥，字元颖，当曹操正和袁绍在官渡决战时，派他去收拾被袁术以及孙策、雷绪等人相互攻打导致荒芜的淮河地区。刘馥单枪匹马来到合肥，建立学校，补强城防，安抚流离失所的百姓，很有政绩。他虽然在赤壁之战同年病逝，但是死在任上，当然也就不可能千里迢迢到荆州去，被曹操刺死了！

真是好好先生？
鲁肃的真实面貌为何？

> 人报鲁子敬先至，（孙）权乃下马立待之。肃慌忙滚鞍下马施礼。众将见权如此待肃，皆大惊异。权请肃上马，并辔而行，密谓曰："孤下马相迎，足显公否？"肃曰："未也。"权曰："然则何如而后为显耶？"肃曰："愿明公威德加于四海，总括九州，克成帝业，使肃名书竹帛，始为显矣。"权抚掌大笑。
>
> 《三国演义》第五十三回

我们大概都知道，鲁肃有两种面相：一种是小说里那个耳根软、心肠好，周瑜的跟班，被孔明耍着玩的窝囊好好先生；另一种是在真实历史上对孙刘联盟起到重要作用的关键人物。那么，正史上的鲁肃究竟是什么样子？对孙权的重要性体现在什么地方？

历史上真正的鲁肃，是豪爽侠义之人。《三国志》上说，鲁肃出生时父亲就去世了，由祖母抚养长大。鲁肃家境不错，而且豪爽仗义，不吝惜钱财，所以深得人心。这个时候周瑜担任居巢县长，带几百个人拜访鲁肃家，请求赞助一些粮食。鲁肃家有两座米仓，各有三千斛存粮，他顺手指其中一座送给周瑜，毫不在乎。周瑜知道鲁肃这人不凡，更加看重他（乃指一困与周瑜，瑜益知其奇也）。两人的交情，就从这时候开始。后来鲁肃看袁术这人做事乱七八糟，不值得侍奉（肃见术无纲纪，不足与立事），就带着家族一百多人，渡江投奔周瑜。

鲁肃更是具有宏观战略眼光的策略家，他初见孙权时（建安五年，200年），就提出未来各个阶段的战略规划。鲁肃早看准了汉朝已经衰败，没办法再复兴（汉室不可复兴），而曹操势力强大，短期内不可能消灭（曹操不可卒除）。

那要怎么办呢？鲁肃建议，从孙权的立场来看，应该"鼎足江东"，等待北方有变时再行动（以观天下之衅）。而为了达到这个目的，必须"剿除黄祖，进伐刘表"，占据整条长江防线（竟长江所极，据而有之），最后就能"建号帝王以图天下"。这次谈话，因为是在座榻上进行的，所以被称作"榻上策"。

鲁肃和孙权的这番"榻上策"，不但比诸葛亮和刘备的"隆中对"早了七年，并且还替孙权勾画了执行的先后顺序，更厉害的是，鲁肃直接挑明：孙权是有机会当上皇帝的！日后东吴的发展，其实都按照这个方向进行，鲁肃的"榻上策"甚至被执行得比诸葛亮的"隆中对"还彻底（因为刘备最后并没有保住荆州）。

这样一位眼光精准、言人所不敢言的人，会是一个温吞软弱的好好先生吗？当然不会。正史上的鲁肃被称作三国战略家当然毫无疑问，而且他为了维护自己的战略不受破坏，还和关羽演出了一段正史上的"单刀赴会"。

鲁肃在《三国演义》中是一个老实、人好且愚钝的文官角色。

心胸狭小、骄傲自满？
被《三国演义》严重扭曲的周瑜

> 孔明祭毕，伏地大哭，泪如涌泉，哀恸不已。众将相谓曰："人尽道公瑾与孔明不睦，今观其祭奠之情，人皆虚言也。"鲁肃见孔明如此悲切，亦为感伤，自思曰："孔明自是多情，乃公瑾量窄，自取死耳。"
>
> 《三国演义》第五十七回

整部《三国演义》里，周瑜应该是性格被扭曲得最严重的角色了。罗贯中虽然把曹操放在第一反派的位置，但是只是压低这位奸雄的"英雄"面，而凸显"奸诈"的一面；相反地，周瑜却被改写得心胸狭窄，屡次陷害诸葛亮不成，最后还把自己活生生给气死了。

历史上的周瑜是这样的吗？当然不是！至少在《三国志平话》等作品问世前，周瑜的形象还不是这样的。北宋苏东坡那首脍炙人口的《念奴娇》："遥想公瑾当年，小乔初嫁了，雄姿英发。羽扇纶巾，谈笑间，樯橹灰飞烟灭。"说的正是雍容镇定、气宇非凡的周瑜。

周瑜乃是决定三分天下的英雄人物。根据《三国志》的记载，他不但长相俊美、武功赫赫，为人也是气度恢宏、心胸宽阔。平日和同僚相处，都十分融洽（大率为得人）。只有老将程普，因为自己年资深，瞧不起周瑜，常常借机会说酸话、反话，挖苦周瑜，但周瑜从不计较，对程普的敬重始终如一。后来程普终于被周瑜感动，两人关系拉近，并且对其心服（敬服而亲重之）。《江表传》记载程普感叹道："和周公瑾交往，就好像喝陈年美酒一样，不知不觉就醉了"（与周公瑾交，如饮醇醪，不觉自醉）。

周瑜豪气干云，当孙策决定回江东求发展时，周瑜毅然散尽家财，倾心跟从。孙策临终前，要接班人孙权凡有不能判断之事，一定要请教周瑜。孙权后来感慨地说："朕如果没有周瑜，哪能当上皇帝呢！"（孤非周公瑾，不帝矣！）

周瑜还精通音乐。据说，宴会时所奏之乐，倘若乐音有走调或者不按曲谱之处，即使在酒酣耳热时，他仍然听得出来，频频回头看乐队。所以当时就流传着"曲有误，周郎顾"的说法。当时人用"郎"来称呼长得俊美的年轻男子，所以"周郎"就是"周帅哥"的意思。

长得帅、有才华，老婆又是美女小乔，年纪轻轻就担当重任，周瑜好像没有什么需要忌妒别人的地方吧！套用一句易中天先生的话："别人去忌妒周瑜还差不多！"当年诸葛亮初出茅庐，来到东吴担任刘备特使，"见习生"的成分很重，周瑜不太可能当他是竞争对

正史里的周瑜聪明谦虚、气量宽大，与《三国演义》中的形象差异很大。

手。所谓"既生瑜，何生亮"，只能当作是小说里的戏剧效果了。

"借东风"只是虚构的，
赤壁火攻是谁的功劳？

孔明曰："亮虽不才，曾遇异人，传授奇门遁甲天书，可以呼风唤雨。都督若要东南风时，可于南屏山建一台，名曰'七星坛'，高九尺，作三层，用一百二十人，手执旗幡围绕。亮于台上作法，借三日三夜东南大风，助都督用兵，何如？"（周）瑜曰："休道三日三夜，只一夜大风，大事可成矣。只是事在目前，不可迟缓。"孔明曰："十一月二十日甲子祭风，至二十二日丙寅风息，如何？"瑜闻言大喜，矍然而起。便传令差五百精壮军士，往南屏山筑坛；拨一百二十人，执旗守坛，听候使令。

《三国演义》第四十九回

话说周瑜派黄盖去诈降，庞统又向曹操献连环计锁住曹军战船，"万事俱备，只欠东风"，但隆冬之际，哪来东风？所以一面被吹向东南的帅旗，勾起了周瑜的忧思，因此他吐血病倒了。主帅战前病倒，全军上下都很担忧。孔明前去探周瑜的病，表示以前和高人学过，会呼风唤雨之术。只要周瑜给他起个坛，他就可以替周瑜求来三日三夜的东南风。这就是小说中孔明装神弄鬼的首部曲——借东风，之后在小说里，孔明也将继续这样神鬼莫测下去。

所谓"借东风"，当然是虚构的，不但掩去了史实上周瑜的功劳，而且把诸葛亮形容成有改变天气本领的巫师了！鲁迅在评论《三国演义》的时候曾说过，罗贯中为的是彰显诸葛亮足智多谋，结果反把他写得像个巫师一样，妖气冲天（状诸葛之多智而近妖）。史实上赤壁之战中以火攻破曹，是周瑜的决定，和诸葛亮一点关系也没有。周瑜自小在江淮一带长大，对长江沿岸的水文、气象有深刻的了解。据陈文德先生的推测，周瑜可能因为是"当地人"的关系，早就知道在冬至前后，赤壁附近会出现几小时因地形而起的反常风向，因此定下火攻的计谋。别说曹操远从北方南下不会知道这种当地气候的细节，就连一直在隆中耕读的诸葛亮也不可能知道。所以，东风不是孔明"借"来的，而是周瑜事先"藏"起来的！

这里要顺便一提史实上诸葛亮在赤壁之战的角色。前面提到过，刘备被曹操打败，逃到夏口，刚好孙权派来观察状况的鲁肃也到了，诸葛亮就自动请缨，去见孙权。诸葛亮到了柴桑，以激将法说动孙权，联合刘备抗击曹操。于是孙权派周瑜、鲁肃率三万人马和诸葛亮回江夏与刘备会合（即遣周瑜、程普、鲁肃等水军三万，随亮诣先主，并力拒曹公）。由此可知，诸葛亮到江东出任务，是担任刘备特使，而且完成任务以后，就回到了刘备身边，没有必要继续滞留在周瑜军中和周瑜斗法了。

周瑜才是定计火攻破曹的主角。

赤壁之战中，
曹军真有百万吗？

> （曹）操见南屏山色如画，东视柴桑之境，西观夏口之江，南望樊山，北觑乌林，四顾空阔，心中欢喜，谓众官曰："吾自起义兵以来，与国家除凶去害，誓愿扫清四海，削平天下；所未得者江南也。今吾有百万雄师，更赖诸公用命，何患不成功耶？收服江南之后，天下无事，与诸公共享富贵，以乐太平。"
>
> 《三国演义》第四十八回

小说里面曹操率兵南下，号称百万，在给孙权的"恐吓信"里，则说是八十三万大军。历史上南下的曹军真有这么多吗？实际上参加赤壁之战的又有多少？针对这个问题，历来学者各有看法，争执不下，有说曹军有二十五万、十五万，甚至只有五千人的；也有说周瑜、刘备联军才是人数较多的一方。这场争论，被称为"新赤壁之战"，而历史的真相究竟如何呢？

先说周瑜、刘备联军这边。周、刘联军的人数，学者没什么疑问。刘备从樊城撤退，先派关羽带船"数百艘"从水路到江夏，他自己则率主力保护百姓南下，在当阳被曹操追及。史称刘备和张飞、赵云、诸葛亮等十几人骑马逃走，连妻子、女儿都被曹军俘虏，可见刘备部除了关羽以外，都已经溃散。之后刘备收拾旧部，再加上江夏、刘琦的部队约一万人，总人数大概不满两万。周瑜方面，据《三国志》，他自己说"瑜请得精兵三万人，进住夏口"，但《吴主传》中又说"（周）瑜、（程）普为左右督，各领万人，与（刘）备俱进，遇于赤壁，大破曹公军"，则周瑜兵力可能也只有两万。其和刘备兵力相加，只有四万不到。

比较有争议的是曹操方面参战的人数。在《三国志》里，引用《江表传》的记载，周瑜向孙权私下分析，曹操收降荆州水军约七八万人，加上本来从中原带来的兵马约十五六万，故进兵赤壁的总兵力约二十余万人。周瑜的估计应该可信度很高，因为他是预定的主帅，又是在私下场合向孙权做简报，没有必要夸张或缩减曹军人数来糊弄自己的大老板，所以"二十余万"这种说法一直以来都是研究者公认的定版。不过近代"疑古"风气很盛，对于古籍记载都抱持着怀疑、否定的态度，所以也有学者主张：周瑜所说曹军人数，其实是指曹军全部的兵力，曹操所带来的，并没有那么多，因为江陵一带，地势狭窄，二十几万人挤在一起，施展不开，曹操深通兵法，又怎么会做这样的部署？甚至有人认为，所谓赤壁之战，曹军参战的兵力，只有当阳追击刘备的轻骑兵五千人而已！这样一来，周、刘联军有四五万人马，反倒是以众击寡。

那么到底哪种说法比较可信呢？持平而论，古籍的叙述虽然有夸大的成分，但不至于完全不可信。曹操虽然必须留兵在北方，以警备边境游牧民族以及关中的军阀的动静，但带领十万以上的精锐部队南下，是很有可能的。且曹操兵不血刃拿下荆州，收编原来刘表的水、陆部队，用作赤壁战场的主力，也是很合理的。那么我们估算一下：曹操在这场战役中，各个战场上所参战的兵力，总和至少在二十万人左右，周、刘联军"以少胜多"的说法，还是成立的。

图为赤壁的水墨画。赤壁因三国时期发生的赤壁之战而闻名，但其确切地点有多种说法。

有优势的曹操为什么
输掉了赤壁之战？

> 黄盖用刀一招，前船一齐发火。火趁风威，风助火势，船如箭发，烟焰涨天。二十只火船，撞入水寨。曹寨中船只一时尽着；又被铁环锁住，无处逃避。隔江炮响，四下火船齐到。但见三江面上，火逐风飞，一派通红，漫天彻地。
>
> 《三国演义》第四十九回

　　赤壁之战是中国历史上的关键战役，这场战役以后，曹操统一中国的雄心遭到遏阻，"三分天下"的雏形逐渐形成。赤壁之战还有一个特点：它是中国历史上一群年轻人合作（当时诸葛亮二十八岁、孙权二十七岁、周瑜三十四岁），打败一位经验丰富的老将（曹操五十四岁）的最佳范例。

　　战前，曹操方面其实是有许多优势的。在政治上，曹操是汉朝丞相，挟天子令诸侯，可以说是"奉诏讨贼"，正当性和合法性都高过孙权、刘备；在军事上，曹操大军才打了一连串的胜仗：北征乌桓、进军荆州，刘琮不战而降，接着以轻骑兵奔袭百里，在当阳追上正在撤退中的刘备，打得刘备落花流水。那为什么善于用兵的曹操，在拥有这许多优势的情况下，却输了这场最关键的战役呢？

　　我们归纳一下历来许多学者的分析：赤壁之战曹操失败的原因，可以分成内在和外在两个因素。内在的因素，就是曹操本身的问题，如战略上的贻误战机和心理上的骄傲轻敌。张作耀先生在《曹操评传》里评论道，曹操收降刘琮后最大的失误，就是没有彻底击垮当时已经如同惊弓之鸟的刘备，反而停留在江陵，按兵不动，也没有努力做政治宣传，分化敌人，其结果是刘备势力死灰复燃，和孙权结盟。假使曹操立刻进军江夏，就算不能消灭刘备，至少也可以把刘备和孙权隔开，那局面就会完全不同了。曹操没有这样做，可能要归因于一连串的胜利而产生的骄傲和轻敌的心理，他总觉得自己挥军南下，对江东犹如泰山压顶，胜券在握。因此才会轻易相信周瑜、黄盖的诈降计，失去了平常应有的冷静判断。

孙刘合作是击败曹操的关键外因。诸葛亮、鲁肃对孙权有力的劝说，加上周瑜指挥若定、信心坚定，还有对地形、气候的了解，使得孙刘联盟的五万精兵克服了数量上的劣势。有学者指称曹军大规模感染了斑疹伤寒，导致曹军战斗力下降。这也是重要的因素。当然，作为主帅，曹操过于轻敌自大，没有审慎应对各种变数，也是难辞其咎的。

明代绘画大师仇英所创作的两幅《赤壁图》。

真有关公华容道义释曹操这回事吗？

> （关）云长是个义重如山之人，想起当日曹操许多恩义，与后来五关斩将之事，如何不动心？又见曹军惶惶皆欲垂泪，一发心中不忍。于是把马头勒回，谓众军曰："四散摆开。"这个分明是放曹操的意思。操见云长回马，便和众将一齐冲将过去。云长回身时，曹操已与众将过去了。云长大喝一声，众军皆下马，哭拜于地。云长愈加不忍。正犹豫间，张辽骤马而至。云长见了，又动故旧之情；长叹一声，并皆放去。
>
> 《三国演义》第五十回

却说曹操赤壁失利，败走乌林，投夷陵山道而去，一路上被东吴军马截杀，损兵折将不说，众人心情更是沮丧。曹操偏在这个时候，每走到一个险要之处，就哈哈大笑，笑周瑜无谋、诸葛亮少智，要是在这里埋伏下一支兵马，他就插翅难飞云云。但偏偏等他笑完，就会刚好跑出一支刘备麾下的兵马，杀得曹军众人是面无人色。但曹操不信邪，决心要坚持下去，看谁笑到最后——结果在华容道又碰上了关公，这下不但是笑不出来，还真是插翅也难飞了。曹操只好赔着老脸，哀求关公：看在昔日放他过五关斩六将、千里寻兄的恩情上，放他一马。这时候曹操身后的众将官的眼睛，也都朝着关公散发楚楚可怜的光芒，关公一个不忍心，就把曹操及众人都给放了。关公放了曹操，违背了出发前在刘备、孔明面前立下的军令状，回营没办法交代，孔明便要把关公推出去斩了，还好有刘备求情，才救了他结拜兄弟一条性命。

曹操逃命时，有刻意哈哈大笑来鼓舞士气吗？裴松之引用的一本叫《山阳公载纪》（"山阳公"是汉献帝刘协被废后的封号）的书上写道：曹操兵败，在众将保护下通过华容道，当时天降大雨，地面泥泞，派伤兵以稻草铺路，才得以通过。走出狭窄路段后，曹操突然放声大笑，众将问他为什么发笑，曹操说："刘备的智谋和我相当，但他动作慢了一步，如果他早一点在这里放火，我们就没一个能活命了！"（刘备，吾俦也，但得计少晚，向使早放火，吾徒无类矣。）不久，刘备果然派人来放火，但是已经来不及了。由此可知，曹操只笑了一次，不但没引出孔明的伏兵，而且还是"得意地笑"，因为他的脑筋动得比刘备快。

赤壁之战的落败使曹操失去一统天下的机会。

所谓"华容道义释曹操"一段，更是荒谬。关羽放走曹操，是以私情害了大义。诸葛亮既然知道关羽会这么做，还派他执行这个任务，根本是挖坑让他跳，存心找关羽的麻烦！《三国演义》的这种安排，太不合理，所以小说家周大荒创作《反三国演义》，写到这一段时，干脆全部"砍掉重练"（全部删除，重新来过）了！

魏延因脑后有反骨
差点被孔明所杀？

> （关）云长引魏延来见，孔明喝令刀斧手推下斩之。（刘）玄德惊问孔明曰："魏延乃有功无罪之人，军师何故欲杀之？"孔明曰："食其禄而杀其主，是不忠也；居其土而献其地，是不义也。吾观魏延脑后有反骨，久后必反，故先斩之，以绝祸根。"玄德曰："若斩此人，恐降者人人自危。望军师恕之。"孔明指魏延曰："吾今饶汝性命。汝可尽忠报主，勿生异心，若生异心，我好歹取汝首级。"魏延喏喏连声而退。
>
> 《三国演义》第五十三回

  这一篇要讲的是本书里魏延三部曲当中的首部曲——"头有反骨"。话说刘备平定南荆州四郡，收得大将黄忠、魏延。黄忠有关公作保，当然获得重用，但没想到魏延才一进帐报到，招呼都还没来得及打，就被孔明喊"推出去斩了！"这是怎么回事？原来是孔明军师看穿魏延这人脑后有"反骨"，以后一定会造反，不如现在先砍掉，以绝后患。还好有刘备求情，才留下魏延一条性命。

  魏延第一次在《三国演义》中登场，是在第四十一回，刘备携民渡江，来到襄阳城下，当时荆州牧刘表已经病死，继位的刘琮年幼，在蔡瑁等人挟持下，拒绝放百姓入城，魏延看不下去，站出来公开"挺刘备"，但等他好不容易杀出城来，想追随刘备，一行人却已经走远了。等到第五十三回荆州平定后，魏延才得以投靠刘备，没想到才见面，孔明就端出了"脑后有反骨"这个下马威。

  魏延，河南义阳人。《三国志》中说他自行招募了一支小队伍投靠刘备,后来跟随刘备入蜀(以部曲随先主入蜀)。至于小说里说魏延先投刘表,后来又在长沙韩玄帐下为将、杀了韩玄献城投降等事,都是没有根据的。

魏延在《三国演义》中先后跟随刘表、韩玄,被孔明认为脑后有反骨。

魏延是刘备阵营里的一员勇将。史书记载:刘备平定汉中时,要找大将当汉中太守,大家都以为会是张飞,而张飞也觉得这个位置应该是"煮熟的鸭子——飞不了",没想到,刘备找的是当时还只是牙门将军的魏延!这个决定,全军都为之震惊。

在布达(宣布、公告)仪式上,刘备故意当众问魏延:"今天让你镇守汉中,你打算怎么干哪?"(今委卿以重任,卿居之欲云何?)魏延回说:"假如曹操倾全国之兵而来,我替大王挡着;要是曹操只派十万人来,我一定把他们都给吞了!"(若曹操举天下而来,请为大王拒之;偏将十万之众至,请为大王吞之!)这话说得豪气干云,刘备和众臣都嘉许他的气魄。

魏延虽然是后来才加入刘备阵营的,但他还是很受重用的:刘备在时，魏延被拔擢镇守蜀汉最重要的汉中防线；诸葛亮当权时，他也因功屡次升官、封侯（官爵是前军师、征南大将军、南郑侯）。魏延作战勇敢，很照顾士兵（善养士卒，勇猛过人），是诸葛亮北伐时的首席大将。如果正史中的诸葛亮，像小说里的孔明军师那样，会摸骨神算，硬说魏延会谋反，却算不出身边就有个背叛者糜芳，不是很矛盾吗？不过魏延后来的确被卷入一桩谋反疑案当中，这将会在后面的章节中说明。

孙权有个妹妹孙尚香，
还嫁给了刘备？

> 却说玄德见孙夫人房中两边枪刀森列，侍婢皆佩剑，不觉失色。管家婆进曰："贵人休得惊惧，夫人自幼好观武事，居常令侍婢击剑为乐，故尔如此。"玄德曰："非夫人所观之事，吾甚心寒，可命暂去。"管家婆禀覆孙夫人曰："房中摆列兵器，娇客不安，今且去之。"孙夫人笑曰："厮杀半生，尚惧兵器乎！"命尽撤去，令侍婢解剑伏侍。当夜玄德与孙夫人成亲，两情欢洽。
>
> 《三国演义》第五十五回

在《三国演义》第五十四、五十五回里，孙权有位年轻妹妹登场了。这位在小说里先是被周瑜当作诱饵，后来却假戏真做嫁给刘备，让周瑜"赔了夫人又折兵"的孙小妹，正史上只有零星的几笔记载。《三国志·先主传》里说，建安十四年（209年），刘表的长子、被刘备用来当作傀儡的荆州刺史刘琦病死，于是刘备自己兼任荆州牧，州政府所在地是公安。这时刘备在荆州俨然已经成了气候，孙权心中有些畏惧（权稍畏之），于是主动把妹妹嫁给刘备，以巩固孙刘联盟的邦谊（进妹固好）。由此可见，第一，刘备没有过江招亲，是孙权自己把妹妹送上门的；第二，孙权嫁妹，不是把她当成"美人计"的诱饵，而是真的让妹妹嫁到荆州，而且，整件事情和周瑜一点关系也没有。

那这位和刘备组成"老少配"的孙夫人，到荆州以后的表现如何？是不是像小说里形容的那样，和刘备"两情欢洽"呢？《三国志》有段话："孙权以妹妻先主（刘备），妹才捷刚猛，有诸兄之风。侍婢百余人，皆亲执刀侍立，先主每入，衷心常凛凛。"这话里透露什么讯息呢？第一，孙夫人不是什么温柔可爱美少女，而是孙坚世家出品的"女战神"；第二，孙权把妹妹嫁到荆州，表面上是巩固双方盟谊，而实际上孙夫人扮演的很可能是监视刘备动静的"危险枕边人"；第三，孙夫人从东吴带来一支武装特遣队，就算刘备偶尔想看望自己的妙龄老婆，也得心惊胆战地和这些"带刀护卫"同处一室，刘备怕都怕死了，还睡得着吗？难怪诸葛亮后来回忆："主公在公安时，北边怕曹操，东边有孙权，在家里还得担心孙夫人搞破坏（近则惧孙夫人生变于肘腋之下）。"可见孙夫人已经升级为刘备心中的"三怕"之一了！这种婚姻，能够幸福吗？

最后附带一提，这位才捷刚猛的孙夫人，在《三国志平话》和元曲里叫作孙安，《三国演义》里叫孙仁，近代戏曲（包括电影、电视）里叫孙尚香，但是在正史上，并没有留下名字。

孙权将妹妹嫁给刘备，这位孙夫人在史书上留下才捷刚猛之名。

孔明的三个锦囊妙计
是移花接木来的！

> （赵）云猛省："孔明分付三个锦囊与我，教我一到南徐，开第一个；住到年终，开第二个；临到危急无路之时，开第三个。于内有神出鬼没之计，可保主公回家。此时岁已将终，主公贪恋女色，并不见面，何不拆开第二个锦囊，看计而行？"遂拆开视之。原来如此神策。
>
> 《三国演义》第五十五回

如果问"山人自有妙计"这句台词是谁说的，大家脑海里可能都会浮现出"诸葛孔明"的名字来。孔明的锦囊妙计出现在《三国演义》第五十五回。话说周瑜想夺回荆州不成，想出一计：派吕范来荆州说亲，以招刘备入赘的名义，骗刘备来南徐（京口），然后加以囚禁。刘备担心这是周瑜加害之计，正犹豫不决，孔明却已替刘备答应下来，临行前给保驾前往的赵云三个锦囊，要他按时间分别拆开。赵云随刘备到南徐，遭遇困难时，打开诸葛亮事先交付的锦囊，果然一路上化险为夷，顺利完成任务。

我们之前已经讲过，《三国演义》为了凸显孔明的足智多谋，常虚构或移花接木若干情节在他的身上。类似"锦囊妙计"的情节，确实发生于三国时期，不过不是诸葛亮所创，而是出自刘备的大对头曹操。

根据《三国志》中的记载：建安二十年（215年）八月，曹操率军赴汉中征讨张鲁，临行前他研判：孙权很有可能趁他无暇东顾之时，来偷袭东线重镇合肥。因此他写了一封"密教"（密封的命令）给护军薛悌，封皮上书"贼至，乃发"，意思是敌军打来时才能拆阅。果然，孙权见曹军主力西移，发动十万大军来攻合肥，薛悌取出这封"密教"，当着合肥守将张辽、李典、乐进三人的面拆阅，上面写着"如果孙权来攻，张辽、李典两将出战，乐进守城，薛护军不必参加军事行动"（若孙权至者，张李将军出战，乐将军守，护军勿得与战）。张辽等人按照曹操的指令行事，果然以七千名守军挡住了孙权十万大军的进攻，保住了合肥。《三国演义》第六十七回的后半回也描述了这场战役，情节与史实大致相同。

曹操才是留下锦囊妙计的主角。图为明人所绘的曹操像。

曹操留下的"密教"之所以能够奏效，最主要的原因是他了解张辽、乐进等人的性格与能力，针对他们擅长的领域分派任务、部署人事，而使守将能搭配合作，让战斗力最大化。张辽、李典勇猛善战，适合在野战中冲锋陷阵；乐进冷静持重，具有判断力，应该留在城中布置防务，担任城防司令官；至于薛悌则是文臣，不必参与军事，以免干扰指挥，影响大局。这是很高明的敌情判断与人事安排。至于小说中虚构的孔明的锦囊妙计，什么时候会发生什么状况、该怎么应对，事前无不规划得十二分妥善，连可能的变数都计算在内，也未免太过"未卜先知"了！

荆州争夺与孙刘同盟，
借荆州其实是借南郡？

> 曹操连饮数杯，不觉沉醉，唤左右捧过笔砚，亦欲作《铜雀台诗》。刚才下笔，忽报："东吴使华歆表奏刘备为荆州牧，孙权以妹嫁刘备，汉上九郡大半已属备矣。"操闻之，手脚慌乱，投笔于地。
>
> 《三国演义》第五十六回
>
> 孔明曰："曹操统百万之众，动以天子为名，吾亦不以为意，岂惧周郎一小儿乎！若恐先生面上不好看，我劝主人立纸文书，暂借荆州为本。待我主别图得城池之时，便交付还东吴。此论如何？"（鲁）肃曰："孔明待夺得何处，还我荆州？"孔明曰："中原急未可图；西川刘璋暗弱，我主将图之。若图得西川，那时便还。"肃无奈，只得听从。
>
> 《三国演义》第五十四回

这一节里，我们要讲的是牵动曹操、刘备、孙权三大集团战争与和平的关键——"荆州问题"。东汉末年，荆州共有七个郡，分别是南阳（襄阳）、江陵（南郡）、江夏、零陵、长沙、武陵、桂阳。原来的荆州牧刘表死后，继位的刘琮投降曹操，荆州各郡中，人口密集、开发程度最高、战略地位最重要的南阳、江陵两郡，从此落入曹操的控制之下。刘备在往江陵途中被曹操击溃以后，和刘表长子刘琦在江夏郡会合，而长江以南的四郡，名义上归顺朝廷，实际上则由原来的郡守盘踞，等于小型军阀。

赤壁之战以后，曹操北撤，留曹仁镇守南郡，但周瑜、刘备联军追击而至，包围江陵。曹操见情势不利，要求曹仁放弃江陵，退保襄阳。

后来，曹魏就一直保持襄阳到合肥的南方防线（《三国演义》上说孔明以假令符骗襄阳守将出城，使关羽夺了襄阳等情节，都是虚构的，刘备集团从来没有占领过襄阳）。周瑜进占江陵，而刘备则趁此机会逐一攻下长江以南的武陵、桂阳、零陵、长沙四郡。于是荆州就呈现了"三分天下"的局面，七郡由曹操、刘备、孙权三大集团所瓜分。

按照诸葛亮的"隆中对"，占有荆州、益州是整个大战略最重要的部分。现在刘备虽然有了一块立足之地，但是荆州最具战略意义的南郡，控制在孙权手上，他没办法进取益州不说，连在荆州都被孙权压制。于是刘备在建安十五年（210年）冬天，到京口（今江苏镇江）去见孙权，要求孙权把南郡暂时划归给他。这个等于要孙权割地的要求，周瑜坚决反对，所以孙权也就没有答应。但是不久后周瑜病死，继任的鲁肃考虑到东吴只有几千兵力守在南郡，北抗曹操，南又有刘备蠢蠢欲动，为巩固孙刘联盟着想，便说服孙权把南郡借给刘备。于是刘备就控制了荆州七个郡当中的四个半郡，更重要的是，有了西进益州的基地。之后刘备便把总部迁来南郡油江口，改名公安。这就是"借南郡"的由来。史书上记载，当这个消息传到许都，曹操正在写字，听了这事，吓得把笔都掉在了地上。

曹操为什么这样紧张？"借南郡"为什么又被说成"借荆州"？

这段典故见于《三国志》，喜欢对正史添油加醋又对曹操刻意

荆州牧刘表像。刘表领有荆楚数千里之地，死后其子刘琮投降曹操，结束刘表父子在荆州十九年的统治，荆州南四郡转为当地郡守所盘踞。

贬低的《三国演义》当然更不会放过。

曹操为什么会这么惊慌失措呢？从军事上来讲，曹操心目中的"英雄"刘备得到了南郡，和原本的四郡地盘连成一气，荆州就更难拿下了；从"国际政治"上来讲，孙权竟然愿意把到手的"肥肉"（南郡）吐出来让给刘备，这象征着孙刘联盟又进一步地巩固了！这对曹操想要统一中国的雄心来说，当然是个不小的阻碍。

不过，要是孙权就这样简单、甘心地借南郡给刘备，荆州也不够格称为三国时期第一战略要地了！孙权、鲁肃之所以借南郡给刘备，背后其实有一个"偷天换日"的阴谋，那就是把"借南郡"说成"借荆州"。借出一个郡，得到整个荆州的宗主权，这笔交易还算是划得来的。

很奇怪的是，我们没有在《三国志》中发现刘备和诸葛亮针对这个"偷天换日"的计谋有任何的回应或是反制之道，仿佛他们的确是向孙权借了整个荆州。即使是《三国演义》当中，孔明对前来讨荆州的鲁肃，口气也像是在狡赖，一点也不理直气壮。在清代史学家赵翼写的《廿二史札记》里，有一条就是"借荆州之非"。赵翼觉得，所谓"借"，是指本来是我的东西，现在暂交给他人。从这个意思来看，孙权集团在赤壁战后，除了

图为黄忠画像。黄忠原为荆州南四郡之一长沙郡太守韩玄部将，后成为刘备部将。

南郡以外,没有统治过荆州一天,哪来的荆州可借? 所以赵翼认为,所谓"借荆州"是东吴人事后的说法。意思是,吴人在战后看刘备得了荆州四个半郡,觉得自己也没少出力,结果荆州却被刘备"整碗端去",心理不平衡,才想出这么个说法来。

　　赵翼的讲法虽然对刘备很有利,但说到底,我们不能忘记刘备的确曾经向孙权借了南郡又不归还的事实。也许吴人所谓的"借荆州",是指刘备把荆州的州政府(治所)放在南郡的缘故(所以南郡后来也称作"荆州")。无论如何,这一"借",就衍生出无数事端来。荆州的事情,我们后面还会继续讲到。

马超让曹操割须弃袍？
其实事实完全相反

> 西凉兵来得势猛，左右将佐，皆抵挡不住。马超、庞德、马岱引百余骑，直入中军来捉曹操。操在乱军中，只听得西凉军大叫："穿红袍的是曹操！"操就马上急脱下红袍。又听得大叫："长髯者是曹操！"操惊慌，掣所佩刀断其髯。军中有人将曹操割髯之事，告知马超，超遂令人叫拿："短髯者是曹操！"操闻知，即扯旗角包颈而逃。
>
> 《三国演义》第五十八回

《三国演义》第五十八回讲到西凉马腾参与衣带诏密谋，被曹操骗入京师杀害，他的长子马超尽起西凉兵马前来报仇。两军隔着渭水对峙，马超勇猛无比，接连打败曹军于禁、张郃等将领，直取曹操。曹操被迫割去自己的胡须、抛弃长袍，才能幸免于难，真是狼狈到了极点。后来曹操使用离间计，分化马超和西凉另一大将韩遂，终于击破马超。

真发生过曹操"割须弃袍"才能逃走这回事吗？当然没有。马超其实也不是为父报仇，而是称兵反抗中央；而曹操与马超之战，则是以曹操大获全胜收场的。

这件事情的本末是这样的，曹操在赤壁之战碰壁吃了大亏以后，检讨自己所犯的战略错误，认为如果要再次南征，必须解除后顾之忧，也就是要先收拾盘踞在关西（潼关以西）的大小军阀。于是曹操就在建安十六年（211年），以征讨汉中张鲁的名义，对关西军阀用兵。

曹操打张鲁，本来的用意就是找理由逼反关西各大小军阀。果然，马超、韩遂等人都动员军队准备作战，这就给了曹操对付他们的正当理由。同年七月，曹操亲自到前线指挥作战，用骑兵包抄马超、韩遂联军的侧面，马超等人溃败，退守渭水以南。曹操又善用政治作战，先拒绝马超求和，再用离间计，瓦解马超、韩遂的联盟，最后全面出击。马、韩等人大败，逃往凉州。

　　值得一提的是，即使到了这个时候，马超的父亲马腾都还在世！据史书记载，马腾本来是关中地区的大军阀，和韩遂等小军阀一直有军事摩擦。建安十三年（208年）赤壁之战前夕，朝廷派司隶校尉（首都军区司令）钟繇来为他们调解，协商后，决定调马腾入京为官，让其子马超继承他的部队。所以马超起兵对抗曹操代表的中央政府时，马腾还活着，当然不可能让马超为他报仇了。曹操留马腾性命做政治号召，一直到了马超起兵的隔年（212年），才处死马腾和他的族人。

图为马超像。马超在《三国演义》中相当神勇，曾经把曹操打到割须弃袍的地步。

　　马超被打败以后，先是逃到凉州的羌人部落，起兵占领凉州，但是再度被曹操击败，只好逃奔汉中张鲁，最后又投靠益州刘备。刘备虽然很礼遇马超，但始终不敢让"国际知名度"极高的他独当一面。章武二年（222年）马超病死，享年四十七岁。他临终前给刘备的遗折上说："臣门宗二百余口，为孟德所诛略尽，唯有从弟岱，当为微宗血食之继，深托陛下，余无复言。"历史上马超的一生，其实是在哀伤的旋律里收场的。

刘备虚伪得很，
偷偷学曹操的路数？

> 玄德曰："今与吾水火相敌者，曹操也。操以急，吾以宽；操以暴，吾以仁；操以谲，吾以忠：每与操相反，事乃可成。若以小利而失信义于天下，吾不忍也。"
>
> 《三国演义》第六十回

话说张松献图、法正报信，庞统和孔明都觉得入西川取益州的时机到了，但刘备却因为益州牧刘璋和他是同宗兄弟，不忍心夺他的地盘。为什么不忍心？因为入蜀取益州，势必会用诡计诈术，而这比较像是曹操会做的事，和刘备一贯的形象不符合。曹操愈是急躁、暴烈、诡诈，刘备就愈是要宽缓、仁厚、诚信。据刘备说，因为他相信凡事和曹操对着干，就能成功。实情真是像刘备说的这样吗？

这段话不是小说的虚构，而是改编自裴松之注《三国志》里刘备说的一段话。史书上的原话可见《九州春秋》这本书，刘备回答了庞统为什么不采纳夺取益州的建议。但刘备接下来做了什么？他还是出发去取益州了，这种"嘴巴说不要，心里猛点头"的行径，即使是把刘备当作男主角的《三国演义》也很难完全掩饰，所以鲁迅才会评论小说中的刘备：仁厚是装出来的，实际上虚伪得很（欲显刘备之长厚而似伪）。

现在我们来看真实的刘备。在丢掉徐州地盘开始寄人篱下的日子以后，刘备大概深思过自己为什么在中原奋斗了老半天，却一事无成。可能在他苦思一番以后，想出了一招，那就是：曹操做过的，自己就有样学样地跟进效法。所以，曹操自封兖州牧，刘备也自封荆州牧；曹操假装攻打张鲁，实际上是要平定关中军阀，刘备假装帮刘璋对抗张鲁，实际上是想吃掉刘璋的益州；曹操进封魏王，刘备也跟着当上了汉中王！当然，曹操到死都没有敢篡汉自立，刘备则比他更进一步，登基为帝。这点刘备比曹操占了一点便宜，谁叫他是"刘皇叔"呢？

既然如此，那么刘备对庞统说的这番话，是想糊弄他的"凤雏"军师吗？当然也未必。刘备口口声声说自己"每与操相反"，是替自己建立起"仁义"的口碑，建立起"以人为本"的形象，套一句今天的话来讲，就是强调"品牌独特性"。刘备就是靠这样的"品牌"来争取人心的。不过，口碑不能当饭吃，想要成功做大事，"嘴上一套，实际另一套"恐怕还是需要的。所以，小说里每次开口闭口必定大骂曹操奸诈、急躁又狡猾的刘备，其实暗地里偷偷地以曹操为师呢！

图为刘璋像。刘璋继父亲刘焉担任益州牧，为刘备所败后投降。

真有落凤坡这个地方，
凤雏注定要死在此处？

> 却说庞统迤逦前进，抬头见两山逼窄，树木丛杂；又值夏末秋初，枝叶茂盛。庞统心下甚疑，勒住马问："此处是何地？"数内有新降军士，指道："此处地名落凤坡。"庞统惊曰："吾道号凤雏，此处名落凤坡，不利于吾。"令后军疾退。只听山坡前一声炮响，箭如飞蝗，只望骑白马者射来。可怜庞统竟死于乱箭之下。时年止三十六岁。
>
> 《三国演义》第六十三回

《三国演义》里，天下两大奇才——"卧龙"诸葛亮与"凤雏"庞统，都被刘备所网罗。小说中，庞统的初登场，是向曹操献连环计，让曹操把战船锁在一起，方便周瑜火攻。战后，鲁肃和孔明都给庞统写推荐信，要他到刘备那里效力。庞统见刘备时，偏不拿出推荐信，宁可当个小县令，直到张飞来视察县政，才发现埋没了人才，于是刘备请庞统担任副军师，随军入蜀。就在刘备和刘璋撕破脸开战以后，某日孔明军师送来一信，说他夜观天象，主帅恐有不利，要多加小心。庞统却觉得这是孔明要和他抢功劳，于是仍旧催促刘备进兵，结果在雒城（今四川广汉）前的"落凤坡"，中了蜀将张任的埋伏，中箭

图为庞统像。《三国演义》中描写庞统容貌丑陋。

身亡。孔明得到消息，痛哭不已，于是和张飞、赵云领兵入蜀，擒杀张任，为庞统报仇。

历史上的庞统，其实没有这么多传奇故事。他是著名隐士庞德公的侄子，因此也算是"荆州名士俱乐部"的会员，年纪很轻时，就被名士司马徽（小说中的水镜先生）誉为"南州士之冠冕"，渐渐有了知名度。庞统长期担任南郡功曹（总务科长），周瑜病死时，他护送周瑜灵柩回东吴安葬。等刘备向孙权借到了南郡，庞统依旧留用，之后又调任耒阳令（代理县长），结果，县政处理不好，被刘备撤换（在县不治，免官）。这时候，鲁肃和诸葛亮分别向刘备建议：庞统不适合当县长，比较适合担任参谋长之类的职务。刘备召见庞统，结果相谈之下，"大器之"，一下把庞统升为诸葛亮之下的第二号人物。刘备入蜀，留诸葛亮守荆州，以庞统为军师同行。庞统在雒城争夺战中，亲自上前线，不幸被流矢所伤（不是在落凤坡被当成箭靶射死），不治身亡。刘备非常难过，只要提到这件事，就会流泪（言则流涕）。

不过史书中，庞统不是被张任设计杀害，因为依照《资治通鉴》的说法，张任在稍早之前就已阵亡，当然不可能复活作战；而且按时间推

连环计是庞统在《三国演义》中初登场展露的高明计谋。

论，张任之死，反倒是刘备、庞统造成的！另外，我们没有发现"凤雏"和"卧龙"齐名的证据，庞统的"凤雏"名号，有可能是罗贯中奉送给他的。而且，因为地名叫作"落凤坡"，就下令退军，这实在也太过荒谬了，假使这样说得通，那么刘璋的部将射死庞统以后，只要把"落凤坡"再改成"屠龙坡"，不就又可以挡住叫作"卧龙"的诸葛孔明了吗？

"单刀赴会"的主角，
其实是鲁肃！

> （关）云长右手提刀，左手挽住鲁肃手，佯推醉曰："公今请吾赴宴，莫提起荆州之事。吾今已醉，恐伤故旧之情。他日令人请公到荆州赴会，另作商议。"鲁肃魂不附体，被云长扯至江边。吕蒙、甘宁各引本部军欲出，见云长手提大刀，亲握鲁肃，恐肃被伤，遂不敢动。云长到船边，却才放手，早立于船首，与鲁肃作别。肃如痴似呆，看关公船已乘风而去。
>
> 《三国演义》第六十六回

赤壁战后，鲁肃因为说服孙权借荆州给刘备，常常被孙权等人指责是滥好人。果然刘备赖账，不还荆州，孙权把鲁肃给臭骂一顿。为了避免荆州这笔账成为"呆账"，鲁肃计划了一场阴谋，也就是邀请荆州守将关公前来谈判，如果关公不愿意还荆州，就一刀把他给结果了。没想到关公勇敢无畏，只带了周仓和青龙刀，过江赴宴。这就是《三国演义》里为关羽大大加分的"单刀赴会"桥段。

史实上的"单刀赴会"，却和小说所述的不太一样。鲁肃其实很勇敢，关羽也不是莽汉。故事的背景是这样的：建安二十年（215年），孙权以刘备得了益州，却始终不肯交还荆州（我们前面说过，"借荆州"是吴人把"借南郡"偷天换日得到的概念）为由，命令吕蒙攻袭南荆州的长沙、零陵、桂阳三郡，强取荆州。刘备听到这个消息，马上从成都率军赶回江陵，并且命关羽率三万兵马进驻益阳（今湖南益阳附近），与鲁肃隔江对峙。孙刘同盟破裂，以及一场争夺荆州的血战，看来迫在眉睫了。

此图为颐和园长廊彩绘故事《江东赴会》。又是一个突显关羽勇敢的场景，但根据正史上的记载，并非关羽到江东谈判，而是鲁肃到关羽地盘上谈判。

不过，身为东吴联刘派的大将，鲁肃实在不愿意因为双方的一次小摩擦，就让他毕生的政治理想破灭。于是他决定再次尝试用和平谈判的手段来解决军事危机，即到对岸关羽的驻地去谈判。当时他的部将都认为这样做太危险，但鲁肃说："今天的局面，正应该说清楚、讲明白呀！"（今日之事，宜相开譬。）于是毅然前往。会谈的气氛相当紧张，双方约好把部队留在身后五百步的地方，参加谈判的人员，每个人都只能带一把防身的佩刀。

《三国志》记载：鲁肃声色俱厉地质问关羽，当初借荆州给你家主公安身，现在你们已得益州，却没有还荆州的意思，要你们先归还三郡，又不答应！（国家区区本以土地借卿家者，卿家军败远来，无以为资故也。今已得益州，既无奉还之意，但求三郡，又不从命！）而关羽答不上话（羽不能答）。正好此时刘备担心曹操攻打汉中，于是同意和谈，双方以湘水为界，平分荆州，这场危机暂时落幕。

从上面的叙述可以知道：第一，所谓"单刀"，不是指关公那柄八十二斤重的青龙偃月刀，而是参加谈判人员随身的佩刀；第二，不是关羽过江谈判，而是鲁肃到关羽的地盘开会。看来历史上真正眼光宏远、勇敢无畏的人，反倒是小说里看起来窝窝囊囊的鲁肃哇！

谁反对曹操当魏王，
又为了什么反对？

> 侍中王粲、杜袭、卫凯、和洽四人，议欲尊曹操为魏王。中书令荀攸曰："不可。丞相官至魏公，荣加九锡，位已极矣。今又进升王位，于理不可。"曹操闻之，怒曰："此人欲效荀彧耶！"荀攸知之，忧愤成疾，卧病十数日而卒，亡年五十八岁。操厚葬之，遂罢魏王事。
>
> 《三国演义》第六十六回

每次出征前，曹操都要给自己加官晋爵：打荆州前封丞相，攻孙权前晋魏公，现在要出发取汉中，又有群臣上表，请封曹操为魏王。中书令荀攸力言不可，曹操不听，荀攸忧愤而死。这是怎么回事？荀攸反对曹操称王了吗？如果反对了，又是因为什么呢？

在史书上，荀攸并没有反对曹操称王，反对的人是他的叔叔，也就是前面我们提到过，在官渡之战时写信鼓励曹操坚持下去的荀彧。建安十七年（212年）十月，当时董昭等大臣上疏，请皇上封曹操为魏公。董昭等人私下找荀彧一起联署，但荀彧说：曹公起仁义之师，从事的是

荀彧是曹操军中的大脑，是军事、内政、战略等才能兼备的综合型谋臣，被曹操称赞为"吾之子房"。

复兴汉朝的大业（曹公本兴义兵，以匡振汉朝），虽然现在功劳已经很高（虽勋庸卓著），但还是很忠于朝廷的（犹秉忠贞之节），你们不要害他（君子爱人以德，不宜如此）。但董昭等人上表，背后恐怕就有曹操的授意，所以曹操听到了这件事，心里很不爽。几个月后荀彧就突然去世了。荀彧怎么突然死了呢？《三国志》以魏国为正统，避讳不明讲，《后汉书》却说出来了：原来曹操派人赏了荀彧一个空的食盒，荀彧知道曹操让他"不要再吃饭了"，就饮药自杀，享年五十岁。

曹操"挟天子以令诸侯"的坏处终于浮现了。一直以来，效力于曹操麾下的众谋士武将，可以说既是曹操的部下，同时也是汉朝的官员，这两个政治认同本来是重叠的。但是从曹操开始寻求封爵、封王起，事情有了变化。大家必须选边站，是对傀儡皇帝刘协效忠，还是对魏国公曹操效忠？

效忠曹操的，占了大部分，但是也有一部分人仍旧认同"恢复汉室"的理想，比如荀彧。平定袁绍集团以后，曹操就把他的大本营迁往邺城，只留下少许联络官员在许都。但荀彧自认是汉朝官员，不是曹魏家臣，所以一直留在皇帝身边。

荀彧的终极理想，是恢复汉朝的政治秩序，这和诸葛亮的理想是很接近的；他们不同的地方是，荀彧一直相信能扫清割据军阀、统一天下的人只有曹操。曹操也曾以这个目标来激励自己，这是荀彧忠心辅佐曹操最重要的理由。

问题是，曹操自己不再这样想了，他想要的更多。曹操的野心膨胀，不甘心只当汉朝的中兴大臣，而想创立自己的王国，甚至朝代了。这种野心，荀彧绝不能赞同，因此曹操对荀彧也就失去了信任。就像电影《大话西游之大圣娶亲》里，紫霞仙子在片尾说的那样："我料到事情的前半段，却没料到结局。"荀彧一心辅佐曹操当拨乱反正的英雄，却没有料到英雄也有想篡位当皇帝的时候。他和曹操的关系之所以不能善始善终，或许我们也可以作如是观。

刘备的军师
其实不是孔明？

> 却说孔明分付黄忠："你既要去，吾教法正助你。凡事计议而行。吾随后拨人马来接应。"黄忠应允，和法正领本部兵去了。
>
> 《三国演义》第七十一回

刘备既然入蜀夺取西川，汉中的战略地位就被凸显出来了：如果刘备抢到汉中，进可以当作攻击雍州、凉州的基地，退也可以把汉中当作益州的屏障；相反地，假如曹操占了汉中，四川盆地基本上就无险可守，故可以压制刘备集团的发展，正是所谓的"得陇望蜀"。

《三国演义》第七十二、七十三回，就在讲述刘备与曹操争汉中这一段故事。刘备在诸葛亮的协助下，先是派黄忠在定军山杀了曹军大将夏侯渊，接着又用疑兵打退曹操，拿下了汉中。那问题就来了：历史上的汉中战役真是靠孔明打赢的吗？

我们先揭晓答案：刘备之所以打赢汉中战役，完全仰赖于法正的协助，和诸葛亮没有什么

夏侯渊替曹操镇守汉中，后为刘备部将黄忠所击杀。

关系。

法正字孝直,祖父法真是东汉名士。法正在年轻时入蜀投靠刘璋,但是不被重用。法正常有怀才不遇的感觉,于是暗中勾结刘备,并且和张松联合向刘璋献计:让刘备入蜀,来抵挡汉中的张鲁。后来刘璋被刘备围困,法正又写信劝降。刘备之所以能占有益州,法正可以说是首功。刘备进入成都后大封功臣,以法正为蜀郡太守、扬武将军,他的职位,等于是首都市长兼任参谋总长(外统都畿,内为谋主)。刘备自封汉中王,又让法正担任尚书令一职。

法正的个性放荡不羁(陈寿说他很像郭嘉一类的人物),而且心胸狭窄,有仇必报。他得势以后,以前的恩仇,即使是一顿饭或者一个白眼,他都不放过(一餐之德,睚眦之怨,无不报复),因为这样,背了好几条人命。

图为法正像。法正原本是刘璋的部下,后投归刘备,深受刘备信任。

有人去向诸葛亮投诉,说法正太嚣张,诸葛亮却知道刘备很重用法正,于是表示:"主公就是靠法正才得以摆脱束缚、飞龙在天哪!怎么能不让法正快意恩仇呢?"《三国志》又说:诸葛亮和法正,虽然个性相差很大,但是两人在公义上方向是一致的(虽好尚不同,以公义相取),而法正屡出奇招,则很让诸葛亮钦佩(亮每奇正智术)。

刘备争汉中,完全是靠法正的帮助,才能打退曹操。蜀汉"缘山截岭"的山地突击战术,大概就是法正设计出来的。可惜法正死得太早(220年),否则有他相助,刘备接下来的军事局面可能会有所不同。

　　既然汉中战役和入川的军师都不是诸葛亮，那么诸葛亮在这段时间里到底在做什么？答案是：诸葛亮坐镇成都，替刘备"足食足兵"。他担任的角色，类似今天的后勤司令兼行政长官。至于史实上诸葛亮和刘备的关系，我们稍后将会讨论。

刘备真的分封
"五虎上将"了吗?

> （关）云长出郭,迎接入城。至公廨礼毕,云长问曰:"汉中王封我何爵?"（费）诗曰:"五虎大将之首。"云长问:"哪五虎将?"诗曰:"关、张、赵、马、黄是也。"
>
> 《三国演义》第七十三回

《三国演义》第七十三回里写道,刘备进位汉中王,大封群臣诸将,并且将关羽、张飞、赵云、马超、黄忠封为"五虎上将"。所谓"五虎上将",虽然在民间普遍流传,但实际上史无其说。小说里有这样的说法,可能是受《三国志》中陈寿把这五人的传记编在同一组的影响。又有现代学者推论,所谓"五虎上将",代表五人统领的五支蜀汉军队,分别是关羽的荆州军团、张飞的汉中军团、赵云的江州预备队、马超的西凉军团以及黄忠的东州兵团。但是这样的推测也缺乏证据以资佐证。

考察正史上对五人爵位、谥号的记载,可知五人的地位和际遇其实大不相同,根本无法相提并论。五人之中,关羽、张飞是刘备阵营的基本干部,又具有"国际知名度",骁勇之名天下皆知,因此地位最高,又都死于刘备之前,所以刘备在时就已获得谥号;马超原来就是一方诸侯,知名度很高,他在刘备阵营具有"客卿"或是"洋将"的地位,可以提高刘备政权的正当性,因此也被给予尊贵的地位。

相反地,赵云和黄忠就没有这么好的待遇了。黄忠虽然在生前屡立大功,累封征西将军、后将军,地位稍接近关、张二人,可是只获得关内侯爵位（没有食邑的侯爵），始终没有追封侯爵，直到蜀汉景耀三年（260年）才获追谥为刚侯。赵云地位更低，刘备在时，赵云只是翊军将军，阶级低关、张、马甚多。即使曾经两次救过后主性命，赵云在后主继位时也没有立即获得封赏，反倒因为诸葛亮第一次北伐失利的连带责任，被降级为镇军将军。赵云同样也等到景耀三年，由姜维等人联名上疏，才追谥为顺平侯，当时距离蜀汉灭亡只剩下三年。总之，不但所谓"五虎上将"是小说家的杜撰，而且历史上五人的真实地位，也和一般民间所认知的有很大的差异。

图为张飞战马超的故事彩绘。两人在《三国演义》里都被列入"五虎上将"。

关羽为何发动襄樊之战，
水淹七军是真是假？

> 细作人探听得曹操结连东吴，欲取荆州，即飞报入蜀。汉中王（刘备）忙请孔明商议。孔明曰："某已料曹操必有此谋；然吴中谋士极多，必教操令曹仁先兴兵矣。"汉中王曰："依此如之奈何？"孔明曰："可差使命就送官诰与云长，令先起兵取樊城，使敌军胆寒，自然瓦解矣。"
>
> 《三国演义》第七十三回
>
> 关公喜曰："于禁必为我擒矣。"将士问曰："将军何以知之？"关公曰："鱼入罾口，岂能久乎？"诸将未信。公回本寨。时值八月秋天，骤雨数日。公令人预备船筏，收拾水具。关平问曰："陆地相持，何用水具？"公曰："非汝所知也。于禁七军不屯于广易之地，而聚于罾口川险隘之处；方今秋雨连绵，襄江之水必然泛涨；吾已差人堰住各处水口，待水发时，乘高就船，放水一淹，樊城罾口川之兵皆为鱼鳖矣。"
>
> 《三国演义》第七十四回

关羽的荆州军团，为什么在建安二十四年（219年）突然发动北伐襄樊之战？由于史料阙如，它始终是三国历史上不可解的谜团之一。《三国演义》把关羽北伐说成是孔明授意、刘备下令，是于史无据的。不过关羽发起这样大规模的军事行动，引发曹操、孙权两大强权合力对付，不可能事前不向成都方面征求同意，那么刘备为什么会同意让荆州军团北进？关羽兴兵时，益州方面为何又全无支援，兵败之时也没有发救兵？这些都让人无法理解。

按照诸葛亮"隆中对"的规划，刘备集团有所谓"双箭头"军事计划，也就是"若跨有荆、益，保其岩阻，西和诸戎，南抚夷越，外结好孙权，内修政理；天下有变，则命一上将将荆州之军以向宛、洛，将军（刘备）身率益州之众出于秦川，百姓孰敢不箪食壶浆以迎将军者乎？诚如是，则霸业可成，汉室可兴矣"。这个规划中，荆州出兵有两个前提，一是"天下有变"，二是益州、荆州同时出兵。

关羽出兵的时机，与上面两个前提全不符合。首先是"孤军轻出"：益州方面并未出兵，而荆州军团却单独行动了。按照诸葛亮的规划，荆州因为处于四战之地，北方是曹魏，又与东吴共享长江天险，无险可守，就算出兵，也只能当作诱敌的偏师，而不是主力。但是关羽出兵，看起来却不像是掩护刘备在汉中的军事行动，因为关羽在夏季出兵，而刘备早在同年五月就已经攻占汉中。其次是"天下无变"：关羽出兵时，曹操在中原的统治没有出现重大问题，境内也没有大规模的叛乱，换句话说，关羽就算想用"政治作战"来制造敌人内部动乱也很困难。再加上东吴一直对荆州虎视眈眈，此方轻举而彼方不妄动的情况下，即使关羽一度"威震华夏"，吓得曹操想要迁都以避兵锋，仍然落得"大意失荆州"、兵败身亡的下场。

荆州丢失，对刘备集团的打击之大，后果之严重，是无法估算的。蜀汉丧失了北伐襄阳、洛阳的最佳基地，之后诸葛亮六出祁山，只能从秦岭、汉中翻山越岭，绕道远路，劳而少功了。关

关羽水淹七军图

羽败亡,自己要负最大责任。也许他当初进兵襄樊,只是一种尝试性的攻击,没想到进展出乎意料地顺利,便急于抢攻,忽略后方了。而刘备、诸葛亮、法正等人,对关羽过于放心,轻忽大意,没有注意东吴方面的举动,或是调一大将(比如赵云)镇守南郡,为关羽稳定后方,所以也要负上一定的责任。

《三国演义》第七十四回上演关公"水淹七军"的大场面。话说关公起兵,攻下襄阳,接着攻打樊城。曹操命老将于禁为统帅、猛将庞德为先锋,率领七支军队前来迎战。于禁军队到达樊城前线,庞德和关公单挑,不分胜负。当时正值八月秋天,大雨滂沱,关公将部队移到高处扎营,却发现于禁把七支军队都安放在隘口处下寨,于是,在一个月黑风高、大雨不止的夜晚,荆州军决开水道,让于禁的七支大军全数泡汤。天亮后雨停,关公率船队攻打魏兵,于禁投降,庞德虽然拼死力战,但因为不懂水性,被周仓生擒。

在正史上,击溃曹军名将于禁所率援军,的确是关羽戎马一生的最高峰。根据《三国志》的记载:于禁全军覆没,襄阳、樊城眼看不保,关羽所率领的荆州军团兵锋所指,许多在中原地区的盗匪或是游击队,这时都冒出头来,接受关羽的任命和调度,曹操甚至一度被逼得考虑迁都。套一句史书上的话:关羽"威震华夏"。"华夏"是中国的同义词,以曹魏政权的角度来看:一个地方军阀割据的军头打得整个中国都震动了,关羽此时的威名的确是天下皆知。

不过,关羽用水攻击

庞德落水被生擒,因宁死不降被处斩。

溃于禁军队，并不像小说所讲的那样，他是先堵住汉水各处水口，然后再放水淹了于禁七军。根据《三国志》参加这场战役的各人的传记所记，当时连下了十多天大雨，樊城一带平地水深五六丈。汉时一丈约等于二百三十一厘米，如果水深高达五丈，那表示于禁遇到的是史无前例的超级大水灾！当然，关羽长期驻守荆州，对汉水、长江流域的水文气候，可能比于禁熟悉，事前做好了防灾准备，然后趁这个机会，一举攻破了于禁的七支军队。不过，事后趁水灾进攻与事前神算放水淹七军，当然是有所不同了！

华佗可能替关公
刮骨疗毒吗？

须臾，血流盈盆。（华）佗刮尽其毒，敷上药，以线缝之。公大笑而起，谓众将曰："此臂伸舒如故，并无痛矣。先生真神医也！"佗曰："某为医一生，未尝见此。君侯真天神也！"后人有诗曰："治病须分内外科，世间妙艺苦无多。神威罕及惟关将，圣手能医说华佗。"

《三国演义》第七十五回

话说关公放水淹了于禁七支精兵，杀了庞德，又引兵来攻打樊城。魏军守将曹仁命令弓弩手齐放毒箭，关公右臂中箭落马，被关平救回营中。众将忧虑，到处求医。不久名医华佗到来，说这病可治，但医治时疼痛难忍，需要在营区立一柱，将手放入铜环中固定，然后用棉被蒙住头，接着以尖刀剖开皮肉，刮去骨上箭毒，再敷药就可以痊愈了。关公一笑，说这小事一件，何必立柱子呢？于是，边和参谋马良（就是马谡的哥哥）下棋，边让华佗动手术，于是有了"刮骨疗毒"的经典画面。

但是很遗憾，小说中这一幕经典画面，在历史上不可能发生，因为华佗早在建安十三年（208年）就被曹操下狱处死了！无论如何是没办法死而复生，在十一年后替关羽执行外科手术的！

倒是在历史上，关羽确曾上演过"刮骨疗毒"的一幕，但小说里所说的关公受伤的时间与位置都不对。根据《三国志》的记载，关羽曾被流矢所伤，贯穿左臂，后来伤口虽然好了，但是每到阴雨天气，就感到骨头酸痛。有医者进言，说这箭头沾毒，已经透入骨中（矢镞有毒，毒入于骨），必须划开手臂，然后把被毒浸染的骨头刮去，才能彻底根治。（当破臂作创，刮骨去毒，然后此患乃除耳。）关羽听了，就把手伸出来，让医者诊治。这正好是关羽宴请诸将的时候，医者割开他的手臂，下方盘器中的血都满溢了（臂血流离，盈于盘器），但关羽切烤肉来吃、喝酒、和众人说笑，好像没事一样（羽割炙饮酒，言笑自若）。

从上面所述来看，关羽的确很能忍痛！只是他中箭的手臂，是左臂而不是挥舞大关刀的右臂；而且，考察关羽在襄樊战役时的古籍，并没有关于他受伤的记载，那么关羽这场"刮骨疗毒 Live 秀"的演出时间，应该在他镇守荆州时或更早以前。最后，我们要很惊讶地指出：既然华佗早已往生，而帮关羽执行这场手术的医者，竟然没有在历史上留下姓名。如果不是史书记载有所夸人，那就是中国古代失传的外科手术技术，实在太过高明了！

刮骨疗毒在历史上确实存在，但替关羽疗伤的人并非华佗。

大老粗吕蒙为何能成为
东吴第三任都督？

（吕）蒙拜谢，点兵三万，快船八十余只，选会水者扮作商人，皆穿白衣，在船上摇橹，却将精兵伏于舳舻船中。次调韩当、蒋钦、朱然、潘璋、周泰、徐盛、丁奉等七员大将，相继而进。其余皆随吴侯为合后救应。一面遣使致书曹操，令进兵以袭云长之后；一面先传报陆逊，然后发白衣人，驾快船往浔阳江去。昼夜趱行，直抵北岸。江边烽火台上守台军盘问时，吴人答曰："我等皆是客商；因江中阻风，到此一避。"随将财物送与守台军士。军士信之，遂任其停泊江边。约至二更，舳舻中精兵齐出，将烽火台上官军缚倒，暗号一声，八十余船精兵俱起，将紧要去处墩台之军，尽行捉入船中，不曾走了一个。于是长驱大进，径取荆州，无人知觉。

《三国演义》第七十五回

东吴孙权集团一直以来实施一种很特别的"都督制"：孙权自己只主管东线国防，而授权首席将领担任"都督"负责西线的军政、外交事务。在孙权称帝以前，有四位将领先后出任都督，分别是周瑜、鲁肃、吕蒙和陆逊。在这一章当中，我们要说的就是第三任都督吕蒙的故事。

先前说过，鲁肃是东吴的"亲刘派"，主张和刘备合作，对抗曹操，因此在荆州问题上，一直对刘备方面采取宽容态度。建安二十二年（217年）鲁肃病逝，孙权任命吕蒙接任都督，主管西线防务。吕蒙一改鲁肃的政策，向孙权建议，不需要仰仗刘备来抵御曹操，应该攻打关羽，收回整个荆州。孙权同意，于是吕蒙谋划了"白衣渡江"作战计划：吕蒙先以健康因素为由，请辞都督一职，推荐陆逊继任，并且故意用"露檄"（不密封的公文）寄送，让消息外泄，以解除荆州守将关羽的戒心，果然关羽掉以轻心，放心发动襄樊战役。于是吕蒙密选精兵，藏在商船中，雇用白衣（平民）摇橹，将关羽沿长江设置的烽火台守军全部俘获，所以吕蒙攻下南郡，在前方作战的关羽毫不知情。吕蒙入南郡后，开始心理战，厚待关羽和荆州将士的家属，使得回军反攻的关羽军团士兵丧失斗志，不战自溃。关羽逃到麦城，被吕蒙部将朱然、潘璋等擒杀。

吕蒙本来是老粗出身，大字不认识几个，十五六岁的时候，就偷偷参加军队作战，他母亲知道了，极力劝阻，吕蒙却说：我出身贫穷，打仗才是建功立业最快的方法，"不探虎穴，焉得虎子？"吕母也只好"哀而舍之"。他因为英勇善战受到孙权的赏识，逐步升官。孙权常鼓励吕蒙，作战之余，也要读书进修。吕蒙听进去了，后来手不释卷，而且还结合战场经验，见识不凡。鲁肃本来轻视吕蒙，不愿意和他多交往，但有次鲁肃拜访吕蒙，对吕蒙建议的荆州战略大为惊叹，说道："你已经不是当日的吴下阿蒙了！"吕蒙回说："士别三日，正当刮目相看！"后来鲁肃去世前，便推荐吕蒙继任都督。注意到了吗？

白衣摇橹真奇计 一举荆襄取次收

士别三日，令人刮目相看的吕蒙。

吕蒙的话里，竟然有一大堆我们现在使用的成语！这样看来，吕蒙还是位"成语发明家"！

　　规划执行"白衣渡江"袭取荆州，接着擒杀关羽，是吕蒙戎马生涯的最高峰。平定荆州不久，吕蒙就得病去世，年仅四十三岁。吕蒙作战勇猛，善于谋略，对待同事也非常宽厚，他的死令孙权非常痛惜，孙权为他降低衣食规格（有所降损），以示哀悼。当然，在《三国演义》里，吕蒙在庆功宴上被关公英灵附身，大骂孙权而暴毙等情节，都是虚构内容。

曹丕其实没有逼迫
曹植七步成诗

（曹）丕又曰："七步成章，吾犹以为迟。汝能应声而作诗一首否？"（曹）植曰："愿即命题。"丕曰："吾与汝乃兄弟也。以此为题。亦不许犯着'兄弟'字样。"植略不思索，即口占一首曰："煮豆燃豆萁，豆在釜中泣，本是同根生，相煎何太急！"曹丕闻之，潸然泪下。

《三国演义》第七十九回

《三国演义》第七十九回上演了"七步成诗"这场亲情伦理大戏：曹操病逝，曹丕继承魏王之位，积极准备篡汉登基，他忌惮弟弟曹植的才华，想找个理由除掉他。于是他命曹植在七步之内吟诗一首，如果吟不出，就要加重治罪，曹植果然在七步内就成诗一首。曹丕还不放过他，接着又要曹植马上作诗一首，以兄弟为题，但诗里不准用"兄弟"字眼。曹植慨然吟道："煮豆燃豆萁，豆在釜中泣，本是同根生，相煎何太急！"（用豆茎来煮豆子，豆子在锅里哭泣，我们本来是同根所生，何必急着互相伤害！）曹丕听了，惭愧流泪，于是贬曹植为安乡侯，放弟弟一条生路。

图为曹植的画像，曹植因七步成诗闻名。

"七步成诗"的故事,不见于《三国志》里,而是被记载在《世说新语》当中,而《三国演义》里曹植吟的那首诗,也不是《世说新语》的版本。可见在历史上,究竟有没有曹丕逼迫曹植七步成诗的故事,恐怕要打上一个问号。

不过这样的故事,反映出历史上的曹丕、曹植兄弟为了争夺嫡位,曾经进行过激烈的政治斗争,不把政敌彻底打垮,难以放心。故事里的曹植似乎比较弱势,而身为胜利者的曹丕看来比较狠心。其实曹丕、曹植兄弟都具有文采,而且都有政治才能。从曹操打败袁绍,把总部迁到邺城以后,曹丕和曹植就已经开始暗中角逐曹操政治继承人的地位了。当时有一批文人长期和曹植往来,被称为"邺下文人集团",实际上他们其中一部分人,各自参加曹丕、曹植嫡位之争,可以算是他们兄弟争夺嫡位的参谋团。曹植本来很受曹操喜爱,可是,他的个性比较放纵,不像曹丕谨慎小心,会讨父亲曹操的欢心。

曹植的全身画像,图为顾恺之《洛神赋图》。

建安二十四年(219年),关羽围困曹仁于樊城,曹操本来想任命曹植为将军,带兵前去解救,这是测试曹植军事才干的关键机会,但曹植竟然在这个时候喝得酩酊大醉,没办法接受命令(醉不能受命),于是曹操"悔而罢之"。后来曹操杀掉支持曹植的谋士杨修,立曹丕为世子,曹植就从政治斗争场里全面败退了。

曹丕登基为帝后,封曹植为陈王,但是对他这位兄弟始终非常防范,好几次迁徙他的封地,还派使者密切监视他的举动。明帝曹叡继位以后,曾经想要起用他这位叔父,但后来也因故作罢。郁闷不乐的曹植在明帝太和六年(232年)去世,享年仅四十一岁。或许挫败的政治生涯,加上后期饱受被皇帝哥哥半软禁的煎熬,使曹植的文学作品深度大为提高,令他成为"才高八斗"的大诗人的原因吧。

关兴、张苞执行"不可能的任务"?

（关兴、张苞）二将方欲交锋，先主喝曰："二子休得无礼！"兴、苞二人慌忙下马，各弃兵器，拜伏请罪。先主曰："朕自涿郡与卿等之父结异姓之交，亲如骨肉；今汝二人亦是昆仲之分，正当同心协力，共报父仇；奈何自相争竞，失其大义！父丧未远而犹如此，况日后乎？"二人再拜伏罪。先主问曰："卿二人谁年长？"苞曰："臣长关兴一岁。"先主即命兴拜苞为兄。二人就帐前折箭为誓，永相救护。

《三国演义》第八十一回

关公兵败走麦城，接着张飞又在睡梦中遇刺，桃园结义的三人在短时间里，一下子就折损两人，刘备哀痛欲绝，便要起兵伐吴，为两位弟弟报仇。这时候，两位年轻小将出场，要求担任先锋，为父报仇，原来是关公的次子关兴、张飞的长子张苞。

按照小说的讲法，关兴、张苞是蜀汉培养出的"二代兵力"。关兴早在第七十四回末就已经登场，为其日后活跃安排伏笔；张苞稍晚一点，于第八十一回向刘备报丧时出场。之后两人跟着刘备东征，

张苞随孔明北伐，屡建功勋。

杀了杀父仇人潘璋、马忠、范疆、张达等，之后又随孔明北伐中原，屡建大功。小说里，张苞在二出祁山时因为追赶魏将郭淮，不慎发生"车祸"，跌入山涧中，头部受伤，送回成都疗养，不久去世；关兴则是在孔明六出祁山前夕病逝。两人的死，都让孔明放声大哭。

在《三国志》里，关兴、张苞的生平，附在父亲的传记后面，各只有短短几行字。关兴，字安国，年轻时就有好名声（少有令问），诸葛丞相非常看重（深器异之），二十岁担任侍中、监军等职务，几年以后去世（数岁卒）。可见关兴比较像是文官，没办法上马杀敌。张苞呢？史载："长子苞，早夭。"看来小说里张苞继承父亲张飞丈八蛇矛、勇敢善战的情节，只是罗贯中为他虚构的"不可能的任务"了！

这里附带一提，正史里擒获、击杀关羽的东吴将领，如潘璋、马忠等人，当然也不是被关兴杀死的。《三国志》里说，潘璋在擒获关羽以后，又和陆逊合力抵抗刘备。夷陵之战，他带领部下杀死刘备的将领冯习，杀伤很多蜀军，因功被孙权封为平北将军、襄阳太守。潘璋病逝在吴嘉禾三年（234年），看来作者让小说里的潘璋少活了十多年！至于范疆、张达等人叛逃到吴国以后的事迹，在史书上都找不到记载，小说里他们被东吴送回刘备处，让张苞杀死来祭奠父灵的情节，自然也不存在。

手拿杀父仇人潘璋头颅的关兴。

刘备攻打东吴，
真的只是为关羽报仇？

> 先主欲起兵东征，赵云谏曰："国贼乃曹操，非孙权也。今曹丕篡汉，神人共怒。陛下可早图关中，屯兵渭河上流，以讨凶逆，则关东义士，必裹粮策马以迎王师；若舍魏以伐吴，兵势一交，岂能骤解。愿陛下察之。"先主曰："孙权害了朕弟；又兼傅士仁、糜芳、潘璋、马忠皆有切齿之仇：啖其肉而灭其族，方雪朕恨！卿何阻耶？"云曰："汉贼之仇，公也；兄弟之仇，私也。愿以天下为重。"先主答曰："朕不为弟报仇，虽有万里江山，何足为贵？"遂不听赵云之谏，下令起兵伐吴。
>
> 《三国演义》第八十一回

从建安二十四年（219年）关羽被害，到刘备称帝（221年）后的一年多，刘备大概只忙着一件事：起兵东征，攻打东吴。

刘备为什么放着刚得到的皇帝宝座不坐，非要马上出兵不可？当然，替关羽复仇绝对是其中一项考量。我们说过刘备用人，以情感相结，用现在的话来说，就是把感情看得很重。它的好处是换得手下全部都死心塌地、鞠躬尽瘁，但坏处就是在重大关头不免感情用事。关羽虽然在正史里并不是刘备桃园三结义的拜把兄弟，但也是忠心耿耿、数十年如一日的老干部。关羽北伐曹魏，正在顺利的当口，后方竟然被盟友东吴偷袭，而且落了个身首异处的下场，对刘备来说，这口气无论如何是咽不下去的。不过，如果单纯只从替关羽报仇这个情感动机来解释刘备的东征，就难免会忽略下面几个在政治、心理上可能存在的原因。

首先是之前提到的：荆州的丢失，对蜀汉政权的影响实在太大。

而且关羽长期驻守荆州，在南郡、江陵、公安等地经营了很久，所有军事器械、粮食、船只、马匹等物资，在荆州争夺战后，全部落入东吴之手。但是东吴虽然拿下荆州，其实立足还不稳，策划执行整个"白衣渡江"偷袭计划的东吴主将吕蒙，在战后不久就病死了，接任的陆逊是位年轻书生，也没有什么显赫战功，搞不好，在刘备眼中还不是个"咖"，能不能压住阵脚都不知道。加上荆州才刚沦陷，地方上忠于刘备集团、"孙皮刘骨"的人，必定还有不少，要是刘备很快出兵，也未必不能抢回荆州、重拾人心。

其次是这时的刘备，年已六十，和曹操一样，不再像年轻时那样有斗志、气魄了，有了怕苦畏难的心理。刘备当然知道曹操是"国贼"，但是他一生颠沛，都是因为吃了曹操的亏，心理上其实对曹操有种畏惧感，觉得要消灭曹魏、恢复汉室，是一项极为困难的大工程。相对来说，孙权就没那么可怕。以前刘备和孙权是盟友，现在双方翻脸，曹魏、东吴都是敌人，先打谁呢？柿子挑软的捏，当然先拿相对来讲比较弱的东吴开刀。

想要趁东吴刚夺下荆州，立足未稳之际抢回失地，又加上"柿子挑软的捏"的心态，欺负陆逊是个后生晚辈，也难怪刘备不顾众臣劝阻，非要以替关羽报仇为名，东征荆州了！

刘备、关羽、张飞感情甚笃。

什么是孙权的
"老三哲学"？

> 邢贞自恃上国天使，入门不下车。张昭大怒，厉声曰："礼无
> 不敬，法无不肃，而君敢自尊大，岂以江南无方寸之刃耶？"邢贞
> 慌忙下车，与孙权相见，并车入城。忽车后一人放声哭曰："吾等
> 不能奋身舍命，为主并魏吞蜀，乃令主公受人封爵，不亦辱乎！"
> 众视之，乃徐盛也。邢贞闻之，叹曰："江东将相如此，终非久在
> 人下者也！"
>
> 《三国演义》第八十二回

　　曹丕篡汉称帝，接着刘备在益州也当上皇帝，而且编组军队，准备攻打东吴。那孙权呢？蜀汉眼看着就要打过来，北边曹魏可能也想顺便捡便宜。这时候的东吴，要怎么应付这个局面？

　　孙权选择暂时向曹魏称臣，也就是先承认曹丕这个皇帝的合法性，东吴成为曹魏的藩属国。孙权这么做，是因为在对付刘备的同时，必须先稳住北边的曹丕。魏、蜀、吴三大集团，在政治形势上形成一个非常微妙的恐怖平衡，一场荆州争夺战，牵动三方势力，更引来了刘备倾全国之兵，想抢回荆州（根据禚梦庵先生的推测，孙权之所以对刘备进攻会这样恐惧，是因为当时刘备又练成一批新军）。如果在抵抗刘备时，曹魏趁机偷袭，那东吴将无法抵挡。因此孙权接受曹丕册封其为"吴王"。

　　但是，吴魏这时联手，不代表长期结盟；吴蜀交战，也不是彻底翻脸。孙权虽然对魏称臣，但摆明是心不甘情不愿（外托事魏，而诚心不款），最明显的证据，是拒绝曹丕要他把长子送到洛阳的要求，而且还

自建年号为"黄武"。易中天先生在他的《品三国》里分析孙权的"黄武"年号，刚好就是取曹丕的"黄初"和刘备的"章武"各一个字，合组而成。虽然不知道易先生根据哪一条史料做这样的解释，不过，假使易先生的分析有所本，"黄武"这个年号，倒是很能体现孙权两边不得罪的态度。同年陆逊大破刘备，西线的威胁暂时解除，但曹丕率大军南下，孙权又马上向刘备抛出和解的讯息。等到刘备病死，蜀汉由诸葛亮执政，蜀吴和好，孙权就放心地和曹魏撕破脸了。

不但避免两线作战，孙权还很沉得住气。这个曹丕封的"吴王"，他一当就是八年，直到曹丕死去，魏明帝太和三年（229年），诸葛亮已经发动北伐，孙权觉得时机成熟，才改年号为"黄龙"，放心称帝。我们看孙权的前半生，总是不断地忍耐与等待，直到机会到来，才断然出手，一击取胜。因此，这个时期的东吴，几乎没有打过败仗。陈寿说孙权能够"屈身忍辱"，很像卧薪尝胆的越王勾践（有勾践之奇），果然是个豪杰人物（英人之杰）。这样说来，孙权凡事非要当三国中的"老三"不可，背后的含意是很深的！

《三国演义》记载孙权"碧眼紫髯，堂堂一表"。

夷陵之战，
真有火烧连营七百里？

> 初更时分，东南风骤起。只见御营左屯火发。方欲救时，御营右屯又火起。风紧火急，树木皆着，喊声大震。两屯军马齐出，奔离御营中，御营军自相践踏，死者不知其数。后面吴兵杀到，又不知多少军马。先主急上马，奔冯习营时，习营中火光连天而起。
>
> 《三国演义》第八十四回

本节讨论的是刘备东征（也就是三国三大战役的压轴之作——蜀吴夷陵之战）在历史上的经过，还有双方成败的原因。

蜀汉章武二年（222年，同时也是魏黄初三年，吴黄武元年），刘备大军东出三峡，兵势甚盛。《三国演义》中说先主起兵七十五万，实际上有多少呢？《魏书》中孙权给曹丕的报告中说，"刘备支党四万人，马二三千匹，出秭归"，光是"支党"（部分军队）就已达四万人，估计刘备的总兵力约有八九万人。而东吴守军的兵力，大概不满五万人。这也是孙权畏惧刘备兵势、企图求和的原因之一。

图为陆逊像。夷陵之战奠定了陆逊的地位，陆逊与周瑜、鲁肃和吕蒙合称"四大都督"。

对蜀汉来说，取胜之道，为善用长江优势，顺流而下，水陆并进，快速通过长江三峡地带，占领江陵，如此就能扼住吴属荆州的咽喉，速战速决。对东吴来说，刘备军威正盛，又是举国来攻，带来的是从入蜀以来新练成的精锐部队，应当先避其锋，不要全线布防，让开秭归、宜都一带的崎岖山地，以逸待劳，待敌军师劳兵疲，进入预设的战场，一击取胜。

这场战役进行了约一年。战事初期，刘备军进展顺利，连破东吴李异、刘阿诸军。这时孙权命陆逊为大都督，节制所有军马，陆逊持重，据守不出。等到次年八月，刘备大军士气已经衰竭，他派大将吴班在平地立营挑战，然后在后方设伏兵，但是陆逊没有中计。陆逊知道反击机会已到，先试攻蜀军一个营寨，遭到击退。众将都认为这次进攻完全是浪费兵力，但陆逊经由此次试攻，知道蜀军营寨虚实，于是大举出击。吴军采用火攻，所有部队都携带茅草纵火，刘备措手不及，被打得大败。据史书记载，蜀军死伤人数高达八万，所有军需物资全部失去，在江上漂浮的死尸，几乎要堵塞长江（其舟船器械，水步军资，一时略尽，尸骸漂流，塞江而下）。

刘备战术上的失误，第一个是"校长兼撞钟，总司令当先锋"。但这也是无可奈何的事，因为原本预定的主将张飞被刺，赵云又反对东征，刘备其实无将可用。另外就是刘备摆出了山地战的阵势，但扎营地是较平缓的丘陵，没有山险可恃；同时因为时节已经到了盛暑，刘备贪图凉爽，把营寨扎在树林附近，这就给了敌军火攻的机会。刘备十多年前曾与东吴合作抗击曹操，目睹了周瑜使

清人绘制的陆逊彩像。

用火攻战术，以少胜多。这次举兵东向，他竟然不能汲取教训，难怪《三国志·陆逊传》记载刘备惨败之后悲叹："朕竟然被陆逊那小子所羞辱，真是天意呀！"（吾乃为逊所折辱，岂非天邪！）

陆逊真被孔明困在
八阵图里了吗？

（陆逊）上马引数十骑来看石阵，立马于山坡之上，但见四面八方，皆有门有户。逊笑曰："此乃惑人之术耳，有何益焉！"遂引数骑下山坡来，直入石阵观看。部将曰："日暮矣，请都督早回。"逊方欲出阵，忽然狂风大作，一霎时，飞沙走石，遮天盖地。但见怪石嵯峨，槎枒似剑；横沙立土，重叠如山；江声浪涌，有如剑鼓之声。逊大惊曰："吾中诸葛之计也！"急欲回时，无路可出。

《三国演义》第八十四回

却说夷陵之战，东吴陆逊用孙氏政权擅用的火攻战术，一举烧垮刘备的复仇之师，一时之间，川兵蜀将是死的死、降的降，所有兵器粮草不是资敌，就是被烧得干干净净。刘备到老还是得用上逃命的大绝招，而陆逊率兵在后紧追。

刘备之所以有此惨败，除了舍弃原本水陆并进、顺流而下的优势，还依山林扎下营寨，刚好为陆逊提供了火攻的大好机会外，他本人也刚愎自用，不听建议。关于这点，《三国演义》为了强调诸葛孔明神机妙算，特意在第八十四回，安排刘备的随军参谋马良，对刘备的部署提出疑虑，并且建议要询问诸葛丞相的意见。刘备虽然坚称关于用兵，他也是个老经验了，不过还是让马良带着兵力部署图回西川让丞相瞧瞧。孔明见到这份堪称送死的兵力部署图，自然大惊，赶忙要马良回去，让刘备修改部署，但西蜀到荆州路途遥远，哪里来得及？重点就在这里：马良问诸葛亮："如果我赶回去，吴兵已经战胜，那怎么办？"孔明说："没关系的，我早在鱼腹浦伏下十万兵，可保成都无虞。"后来陆逊追击至此，被困在孔明布下的乱石阵"八阵图"中，果然应了诸葛亮"伏兵十万"之说。

所谓"江流石不转，遗恨失吞吴"。八阵图是什么呢？学者余明侠说，八阵图"就是关于练兵、行军、作战、宿营以及各个兵种（步兵、骑兵、弓弩手）之间因地制宜密切配合的阵法"。后世往往附会，所以把八阵图传说得神乎其神。

但是陆逊真的曾被困于八阵图中吗？答案当然是"没有"。查"鱼腹浦"的位置，就在白帝城西的江滩上（白帝城在哪儿呢？它是今天重庆市奉节县的白帝山）。据《三国志》中的《先主传》《陆逊传》记载，刘备兵败逃至白帝城，吴军众将都建议追赶，干脆趁此良机，打进川中，但陆逊仅以李异、刘阿两支小部队略追一阵（吴遣将军李异、刘阿等蹑踪先主军），就鸣金收兵了。陆逊这么做，主要是顾虑若战线拉长，北方曹丕很有可能会偷袭荆州。三国时代的国际政治，的确很微妙，打败仗的人还滞留在三峡附近，不肯回去，赢家却不敢继续进兵。

所以，陆逊从来就没有动过深入三峡，穷追刘备的念头，当然也不可能被困在白帝城以西的八阵图里，巴巴地仰赖孔明岳父黄承彦老先生搭救出险了！

图为黄承彦像。《三国演义》叙述陆逊被困在诸葛亮的八阵图中，后被诸葛亮岳父黄承彦救出。

白帝城托孤，刘禅成了摆饰皇帝？

> 先主命内侍扶起孔明，一手掩泪，一手执其手，曰："朕今死矣，有心腹之言相告！"孔明曰："有何圣谕？"先主泣曰："君才十倍曹丕，必能安邦定国，终定大事。若嗣子可辅，则辅之；如其不才，君可自为成都之主。"孔明听毕，汗流遍体，手足失措，泣拜于地曰："臣安敢不竭股肱之力，尽忠贞之节，继之以死乎！"言讫，叩头流血。
>
> 《三国演义》第八十五回
>
> 却说蜀汉后主刘禅，自即位以来，旧臣多有病亡者，不能细说。凡一应朝廷选法，钱粮、词讼等事，皆听诸葛丞相裁处。
>
> 《三国演义》第八十五回

刘备兵败，逃回鱼腹浦，改名永安，在此住了下来。到了章武三年（223年）初，他自知病情严重，连忙从成都召来丞相诸葛亮，把刚草创的国家和孱弱的太子都托付给诸葛丞相，甚至把话说得很透：如果刘禅不够资格做皇帝，你可以取而代之！孔明听了，泪流满面地向刘备保证，他会忠贞报效国家，直到献出自己生命为止（竭股肱之力，效忠贞之节，继之以死）。

刘备又交代太子刘禅：今后要像对待父亲那样对待丞相（汝与丞相从事，事之如父），不久后就驾崩于永安。这就是《三国演义》当中感人肺腑的"白帝城托孤"桥段，刘备也在这里正式把男主角的位置移交给孔明。

小说中刘备"君可自为成都之主"的遗言，其实史书里原话是

"君可自取"，但是这句话也隐含许多疑团。"如其不才，君可自取"到底是什么意思？难道说，真像小说中说的那样，刘备授权让诸葛亮即位当皇帝？

学者对这句话的解释也有许多争论，历来有"君臣至公说"与"刘备心机说"，这里先说第一种。《三国志》的作者陈寿评论这事，说这真是古今君臣之间最大公无私的典范（诚君臣之至公，古今之盛轨也），因为刘备把整个国家托付给诸葛亮，一点别的念头也没有（举国托孤于诸葛亮，心神无贰）。陈文德先生在《策略规划家:诸葛亮大传》中认为，这是刘备给诸葛亮应变的特权，用意在拯救新创而濒危的蜀汉政权；易中天先生则认为这个"取"字，应该作"自行其是"解，刘备应该不至于把皇位拱手送人，而是授权诸葛亮行废立大权，一旦阿斗真的扶不起来，随时可以立刘备的另外两位儿子当皇帝。

图为刘禅像。刘禅虽为皇帝，但大小事都交给诸葛亮处理。

当然也有学者从机诈权谋的立场来解读刘备这番话。比如晋代的孙盛就认为，刘备临终前这段话，实在是太过荒唐，因为如果所托付的人不是忠诚如孔明，而是像司马懿那样怀有异心的奸臣，岂不是给自己添乱吗？清代大儒王夫之作《读通鉴论》也说，刘备这番话心机很深，其实是放心不下诸葛亮，故意说反话，逼着他表态效忠。

两种说法，其实各有道理，但是因为陈寿原文仅止于此，难以详究，所以也都只是从不同角度出发的解释罢了。不过我们在这里还是比较倾向陈寿的说法，"永安托孤"是刘备在大败之后，痛定思痛，所做出的真诚决定。

按照刘备的遗嘱，继位的刘禅不论大小事，都要请教诸葛丞相的意见。刘禅有没有照办呢？有的。他不但把所有事情都交给诸葛丞相，并且还更进一步，在即位后封诸葛亮为武乡侯、益州牧，还让诸葛亮组织自己的丞相府，独立办公。其中，"益州牧"这个职位本来是刘备自领的，虽然蜀汉自称是正统，但是天下九州，蜀汉的领土，实际只有益州，现在把这个职位也交给孔明，用今天的说法来讲，诸葛亮的职位就等于是行政主管部门负责人，蜀汉上下，从中央到地方，从行政、军事到外交，所有事务都父给他了。

在这种政治体制下，皇帝刘禅扮演什么样的角色呢？答案是类似现代内阁制国家的"虚位元首"——他代表国家，但是他什么权力也没有。在《三国志·后主传》里，裴松之引用《魏略》的记载，刘禅曾经说"政务是诸葛丞相负责，祭祀的事情交给朕"（政由葛氏，祭则寡人），这句话充分显示他在诸葛亮掌政期间，只是象征性君主。

接下来我们要问一个《三国演义》里从来没有提到的问题。当这种虚位元首，刘禅开心吗？虽然我们不知道刘禅讲上面那段"祭

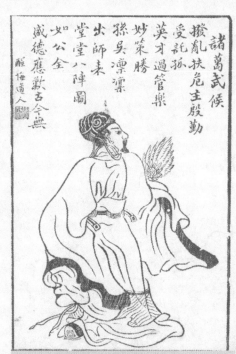

诸葛亮一生"鞠躬尽瘁、死而后已"，是中国忠臣与智者之代表。

祀交给朕"的话，是什么口气，但是他的心情，大概不会太好。为什么呢？根据史书记载，从后主即位（蜀汉建兴元年，223年）到诸葛亮死（建兴十二年，234年）这十二年间，皇帝似乎从来没出过宫门一步！诸葛亮死后一年多，后主视察著名水利工程都江堰这件事，《三国志·后主传》还特别进行了记录。这个时候，后主已经是二十九岁的成年人了！在这十二年中，诸葛相父似乎没有训练刘禅亲政的打算，而且上表言事，三不五时要搬出刘备来教训一下他，刘禅心中有所怨怼，也是可想而知的。

刘备得诸葛亮，
真是"如鱼得水"吗？

> 却说（刘）玄德自得孔明，以师礼待之。关、张二人不悦，曰：
> "孔明年幼，有甚才学？兄长待之太过！又未见他真实效验！"
> 玄德曰："吾得孔明，犹鱼之得水也。两弟勿复多言。"
>
> 《三国演义》第三十九回

刘备的前半生，虽然声望挺高，但是凄凄惶惶，他东奔西走，始终寄人篱下，没有立足之地，直到遇上诸葛亮，才一步步实现"隆中对"的规划，控有荆州，规取巴蜀，终于称霸一方。因此在《三国演义》里，刘备对诸葛亮非常信任，言必听、计必从（东征之役例外），简直把孔明军师当成老师一样看待，没了孔明，刘备就还真不知道该怎么办，所以才会有"如鱼得水"的说法。

那个神机妙算、鬼神莫测的"孔明军师"是诸葛亮在小说中的形象，至于正史里诸葛亮在刘备担任"蜀汉集团董事长"期间，到底担当什么角色？古往今来有各种看法。

怀疑诸葛亮在刘备时期其实只是"B咖"的人指出，刘备并不那么信任、重视诸葛亮，有以下几个证据：第一，刘备西进益州，没把诸葛亮带去，这怎么能叫作军师呢？第二，刘备和曹操争夺汉中，真正的军师是法正，诸葛亮又被留在成都担任行政工作。第三，荆州是刘备赖以起家的根本重地，这个地方，刘备交给关羽镇守，而不是诸葛亮。第四，刘备东征，也没带上诸葛亮，诸葛亮在事后感叹："如果法正还在世就好了，他一定能让主上打消伐吴的念头；就算主上还是执意要去，有法正跟着，也不会遭此失败呀！"（法孝直若在，必能制主上东行也，则令东行，必不倾危矣！）这不是在说自己在刘备心目中，还没有后来加入的法正重要吗？

撰写《策略规划家：诸葛亮大传》的陈文德先生，从商业经营的角度，把刘备集团的兴亡当作公司的经营发展来剖析，提供了很有趣的视角：刘备和诸葛亮的关系，其实经过很多时期的演变与发展。

初出茅庐之时，诸葛亮选择了刘备这家规模小、业绩差，又快倒闭的小公司，把发展这家公司当作一生志业，这时候他的角色，的确是策略规划师，或是首席经营顾问；等到刘备集团慢慢壮大，各方人才逐一加入，诸葛亮就转而担任"总务部经理"，为刘备处理后勤、行政事务。这也是因为刘备是个创业型的"董事长兼总经理"，凡事喜欢自己到第一线，诸葛亮的任务，不是小说里的"军师"，而是负责稳定刘备后方的"大管家"。要等到刘备过世以后，诸葛亮才升任蜀汉王朝的总经理一职。

诸葛亮的地位类似于刘备势力后方的"大管家"。

那么，诸葛亮在刘备心目中，到底有没有分量呢？答案是：当然有，而且还很重要！公司里管钱和负责行政的主管，不都是老板最信任的心腹吗？

孔明南征，率领"蜀汉梦幻队"是真的吗？

> 是日，孔明辞了后主，令蒋琬为参军，费祎为长史，董厥、樊建二人为掾史；赵云、魏延为大将，总督军马；王平、张翼为副将；并川将数十员：共起川兵五十万，前望益州进发。
>
> 《三国演义》第八十七回

南中诸郡联合蛮王孟获造反，诸葛亮决心亲自率领大军前往征讨，这是《三国演义》第八十七回的主要剧情。不过，小说里参与南征的文武阵容，简直就像是当时蜀汉政权的"明星队"！先看武将阵容，不但有"五虎大将"当中的赵云，还有猛将魏延，又有张翼、王平担任副将。当大军进发，突然有一人求见孔明，说他是关公的第三个儿子关索，自从荆州失陷，就逃难养伤，孔明听了，也没有对他施以职前训练，或是办个测试会考武艺，就直接任命关索为先锋，一起征南。更夸张的是，后来马岱押粮到前线，孔明也命他和手下的运输大队直接上前线作战！

再看小说中随从南征的文臣参谋团阵容：高级幕僚蒋琬、费祎、董厥、樊建全部参加，等于把整个丞相府都搬来军营随他南征了！不仅如此，当马谡奉后主之命前来劳军

蒋琬为蜀汉四英之一。

时，因为提出了"攻心为上"的正确战略，也被孔明留下来一起南征！看来孔明是把整个蜀汉政权组成一支"明星队"用来南征，孟获哪有不败的道理呢？

这样一个梦幻南征阵容，并不合史实记载，单以蜀汉当时的国防、内政局面来说，也是绝不可能的。小说中参加南征的大将魏延，这时候担负着防守汉中前线的重责大任，绝不可能抽调；至于赵云，这时担任首都卫戍司令官（中护军），也不可能放下首都治安、禁军训练的职责，随军南征。小说中的副将，张翼、王平、马岱等人，这时都驻守在北方前线，提防曹魏可能的进犯；而丞相府诸位幕僚，因为需要在诸葛丞相南征时确保政府运作如常，必须驻守成都，更不可能随同南下当参谋。至于关索，则是小说的虚构角色，史无其人。

马岱为马超的堂弟，随马超投归刘备。

史实上真正担任南征任务的，是长期处理西南军政、了解地方状况的马忠、李恢等人。南征军分作三路，东路军由马忠率领，直趋牂牁郡；中路军由李恢统率，前往益州郡孟获的根据地；西路军是蜀汉南征主力，由诸葛亮本人率领，约定三路兵马在滇池（今昆明市）会师。南征所动员的总兵力，根据学者研究，应该不到六万人，当然也不可能如小说所讲的有五十万大军。至于小说里镇守北方前线的马超，早在章武二年（222年）就已经去世，哪能还魂再担任前线守将呢？

孟获有位黄发碧眼的
哥哥叫孟节？

次日，孔明备信香、礼物，引王平及众哑军，连夜望山神所言去处，迤逦而进。入山谷小径，约行二十余里，但见长松大柏，茂竹奇花，环绕一庄；篱落之中，有数间茅屋，闻得馨香喷鼻。孔明大喜，到庄前扣户，有一小童出。孔明方欲通姓名，早有一人，竹冠草履，白袍皂绦，碧眼黄发，忻然出曰："来者莫非汉丞相否？"孔明笑曰："高士何以知之？"隐者曰："久闻丞相大纛南征，安得不知！"

《三国演义》第八十九回

话说孟获负隅顽抗，被孔明大军一再击败，只好带领残兵与老弟孟优会合，投奔秃龙洞主朵思大王去也。朵思向孟获简报了一番本洞防御优势。通往秃龙洞的大路之上有瘴气，每天只有六小时能够通行；更厉害的是小路旁有四口毒泉，误饮不但会全身瘫痪，不能言语，还会全身发黑而死。蜀将王平率士兵走小路前进，果然误饮毒泉水，全都瘫痪在地，孔明大惊，但幸得东汉伏波将军马援显灵，指引他前去拜访一位隐者寻求破解毒泉的秘法。孔明依言前往，却发现这位"碧眼黄发"的隐士高人竟然是孟获的哥哥孟节！

为了澄清孟获有没有这样一位黄发碧眼的兄弟，这里有必要介绍一下正史所载的孟获的生平。

根据《三国志》的记载，孟获是益州建宁郡人，为"地方豪强"——大概也就是现代所说的"土豪劣绅"或"意见领袖"之类的人，在地方上很有影响力。刘备驾崩的消息传出后，雍闿趁这个机会造反,孟获就在这个时候加入叛军(《三国演义》把孟获封为"南蛮王",而雍闿、高定等人都是他的下属,这和正史刚好是本末倒置的)。在雍闿、高定因内讧而溃败以后,孟获接管叛军,继续和诸葛亮的南征军作战,其间,几次战败被抓,却都被诸葛亮释放。孟获感激诸葛亮的恩德,决定归顺蜀汉。诸葛亮贯彻"南人自治"原则,不留兵在南中驻守,而孟获后来还进入蜀汉中央政府任职,担任御史中丞一职。

孔明南征是《三国演义》中想象力大爆发的片段,不但给孟获封了个南蛮王的头衔,还虚构了许多具有异国风情的桥段和人物(比如木鹿大王的野兽部队,以及乌戈国的藤甲兵),现在又冒出个黄发碧眼的白人孟节!其实,关于孟获的种族,也是个史书上都没有说清楚的谜团。

孟获到底是汉人还是部落酋长,历来的学者专家们也进行过考证。现在比较有共识的说法,是认为孟获应该是久居在今日云南一带的汉人,已经"胡化"了,所以既能是"地方豪强",又可以进中央当高官。孟获既然是汉人,那么罗贯中请"白人演员"来参演孟获的哥哥一角,可就有点奇怪了!

图为孟获像。《三国演义》中对孟获有丰富的剧情描述,如将孟获奉为南蛮王,但历史并无记载。

真有"七擒七纵"这件事吗？

> 孟获垂泪言曰："七擒七纵，自古未尝有也。吾虽化外之人，颇知礼义，直如此无羞耻乎？"遂同兄弟妻子宗党人等，皆匍匐跪于帐下，肉袒谢罪曰："丞相天威，南人不复反矣！"孔明曰："公今服乎？"获泣谢曰："某子子孙孙皆感覆载生成之恩，安得不服！"孔明乃请孟获上帐，设宴庆贺，就令永为洞主。所令之地，尽皆退还。孟获宗党及诸蛮兵，无不感戴，皆欣然跳跃而去。
>
> 《三国演义》第九十回

孔明率领五十万大军，于蜀汉建兴三年（225年）春天离开成都，征讨南中叛乱的孟获等人，这就是《三国演义》中最具想象力的南征片段。从第八十七回起，一直到第九十一回，孔明和他的"蜀汉梦幻队"渡过泸水，深入不毛之地，先击溃勾结孟获造反的雍闿、高定、朱褒等人，然后用激将法，让赵云、魏延突袭孟获的三洞元帅——金环三结、董荼那、阿会喃等，再破前来助战的朵思大王、带来洞主等人，最后攻破孟获军，生擒孟获。但孟获认为孔明诡计多端，并不心服。于是孔明放他回去，约好再战，但无论孟获如何想方设法为难孔明，最后都兵败被抓。这样的戏码一再上演，直到第七次，孔明用火攻大破孟获请来助力的藤甲兵，终于让孟获心服口服，从此不再造反，"蜀汉梦幻队"大获全胜。这就是小说中著名的"七擒七纵"片段。

在历史上，诸葛亮真的这样"七擒七纵"过孟获吗？关于这点，从古到今有很多不同的看法，我们归纳一下，大概可以分成三种；第一种是"完全相信"，第二种是"完全否定"，第三种是"折中采纳"，各有支持者。先说第一种，宋代史学家司马光编写的《资治通鉴》，就采纳了诸葛亮"七擒七纵"的说法，司马光治学非常严谨，如果没有证据，应该是不会轻易采信的。还有学者不但完全相信小说中孔明七擒七纵孟获，甚至把每次抓到孟获的时间、地点都考证出来了，这种看法，以清代学者张若骃的《滇云纪略》一书为代表。

第二种看法，则不相信诸葛亮在北方曹魏仍虎视眈眈之际，竟然停留在南中和孟获玩捉迷藏。如清代《通鉴辑览》上说："七擒七纵为记载所艳称，真是没知识到一个程度了！当然，对付蛮夷必须要让他们心服，但抓来又放，简直就是儿戏，一次就很过分了，还来七次？"（然以缚渠屡遣，直同儿戏，一再为甚，又可七乎？）

第三种说法折中上述两种，认为诸葛亮生擒孟获却又释放是可信的，只是没有七次那样多罢了。持这类说法的人，认为诸葛亮擒纵孟获这件事，有《华阳国志》《汉晋春秋》等距离当时不远的史料证实，

诸葛亮七擒七纵，终于让孟获心服口服。

而汉代人喜欢用"七"这个数字来统称复数。经考据，诸葛亮实际南征的时间，只有两个多月，如果真要完成"七擒七纵"，时间恐怕太赶。因此，《诸葛亮评传》的作者余明侠先生综合以上各种说法，认为诸葛亮为了使南中心服，擒纵孟获是可信的。当然，即使"七擒七纵"可信度颇高，但也不太可能会如小说所描述的那样光怪陆离。

老将赵云力斩五将，
一场虚构的光荣退场秀！

> 韩德见四子皆丧于赵云之手，肝胆皆裂，先走入阵去。西凉兵素知赵云之名，今见其英勇如昔，谁敢交锋？赵云马到处，阵阵倒退。赵云匹马单枪，往来冲突，如入无人之境。
>
> 《三国演义》第九十二回

《三国演义》第九十一回中写到，孔明调兵遣将，准备北出祁山，克复中原，突然有一老将上前，厉声询问："我虽年迈，尚有廉颇之勇，马援之雄。此二古人皆不服老，何故不用我耶？"原来是赵云。孔明说，自从他南征回来以后，老将纷纷过世，现在赵老将军年事已高，怕将军上战场闪到腰，减我军锐气，还是请留在成都养老。赵云就是不肯，说如果孔明不用他当先锋，就一头撞死阶下！孔明无奈，只好请邓芝相助，以赵云为先锋出征。赵云果然神勇如当年，施展往日虎威，斩杀西凉大将韩德和他的四个儿子。

这段"赵子龙力斩五将"，是非常喜爱赵云的罗贯中，为他特别增写的一场"光荣退场秀"。正史上有没有这件事呢？答案当然是否定的。按照《三国志》记载，赵云的确参加了诸葛亮的第一次北伐，而且事前就受到任务指派，什么任务呢？担任疑兵，吸引魏军。《三国志》说：诸葛亮出兵，扬言要从斜谷攻打长安（亮出军，扬声由斜谷道），引来曹真的魏军主力（曹真遣大众当之），其实这支部队，是由赵云、邓芝所率领的一万余人组成的。结果，蜀汉真正的主力部队在街亭打败仗，赵云的佯攻部队也因为寡不敌众，"失利于箕谷"。所幸赵云不愧是有经验的老将，使用蜀汉惯用的山地战术，守住了战线（敛众固守），虽打了败仗，但并没有溃散（不至大败）。所以，赵云的人生最后一战，其实是以败仗收场的。

《三国志》引用《云别传》上的说法，即诸葛亮撤回汉中以后，问赵云军的副指挥官邓芝："我军在街亭兵败，整个建制都被打乱（街亭军退，兵将不复相录），可是箕谷退兵时，却很有秩序（兵将初不相

失），这是为什么？"邓芝回答："我军撤退时，赵老将军亲自断后（云身自断后），所以，所有军事物资，没有什么损失（军资什物，略无所弃），而部队建制也保持完整（兵将无缘相失）。"诸葛亮就决定将赵云军带回的布匹赏赐给他，赵云婉拒了。他说："我军打了败仗，怎么能接受赏赐呢？（军事无利，何为有赐？）还是请丞相把这些军用布匹都存入仓库，等冬天时按规定分发吧（其物请悉入赤岸府库，须十月为冬赐）。"诸葛亮听了更是感动。

《三国演义》特别为赵云增写了一段光荣退场秀。

这就是历史上的赵云最了不起的特质：忠公体国。从荆州时期起，赵云就是最能与诸葛亮配合的将领，无论被分派什么样的任务，赵云都能谨慎稳重地完成，并且时时刻刻从大局着想，考量国家的利益。很奇怪，无论是在刘备或者诸葛亮时期，赵云都没有获得重用，到箕谷担任一万名佯攻疑兵的主帅，是赵云最后一次，也是他独当一面的任务中规模最大的一次。我们只能想象，那个激流般的时代，可能像魏延那样勇猛，或者马谡这样能言善道的人物，才有获得大用的可能吧！

魏延的子午谷奇谋，
孔明为何不同意？

魏延上帐献策曰："夏侯楙乃膏粱子弟，懦弱无谋。延愿得精兵五千，取路出褒中，循秦岭以东，当子午谷而投北，不过十日，可到长安。夏侯楙若闻某骤至，必然弃城望横门邸阁而走。某却从东方而来，丞相可大驱士马，自斜谷而进。如此行之，则咸阳以西，一举可定也。"孔明笑曰："此非万全之计也。汝欺中原无好人物，倘有人进言，于山僻中以兵截杀，非惟五千人受害，亦大伤锐气。决不可用。"

《三国演义》第九十二回

这一篇当中要讲的是本书"魏延三部曲"的第二部：子午谷奇谋。话说不受重用的魏延，在孔明首次出兵北伐时，来帐前献策：由他率领五千精兵，攀山越岭，走直线距离，十天可到，直取长安。魏延也做了"敌情调查"：长安守将驸马夏侯楙，是个纨绔子弟，听到蜀军由天而降，一定吓得马上逃走，长安唾手可得。这样一来，只要坚守长安几天，等孔明率领的主力部队到达，长安以西就都可以光复了。无奈孔明认为这不是万全之计，不肯采用，还是决定从陇右大路进兵。魏延更加不满，觉得丞相太过小心，自己的大才被压抑。

小说中魏延的子午谷奇谋，确实记载于史书中。《魏略》里魏延向诸葛亮提报的军事企划案，比《三国演义》里描写得更具体。魏延要求率领五千精兵、五千背负粮食的后勤部队，由褒中（今陕西褒城）出发，向东北由子午谷抵达长安，然后诸葛亮率领主力军出斜谷，在长安会师。这项提案如同《三国演义》所说，被诸葛亮以太过冒险为由否定了。关于魏延提出的这项大胆计划，史学家历来就有很多争论。

有的人觉得魏延这项计划太过冒险，也低估了敌方的战斗意志，所以诸葛亮不采行是对的，以免丧失辛苦练成的精兵；有的人则认为，正因为蜀汉国小兵少，才应该在有胜利把握的时候（哪怕只有百分之五十的可能），来个"梭哈"（押下所有

孔明与魏延的关系一直为后人所猜测，图为描绘《三国演义》中所描述的，孔明火烧司马懿于上方谷，也想将魏延一并烧死。

赌注），一次押下去，避免日后旷日废时、劳而无功的情况。

后面那种说法，其实呼应了陈寿在《三国志·诸葛亮传》中的评论：诸葛亮治国练兵很行，但带领军队打仗、随机应变并不擅长。这项"子午谷奇谋"没有付诸实践，所以也无从验证究竟是魏延胆大心细，还是诸葛亮谨慎保险。

不过，要是站在诸葛亮的角度，我们还是倾向同意他的决定。毕竟，魏延的计划有太多未知因素，建立在太多假设上了：假如夏侯楙决定死守，并不逃走，魏延孤军深入，粮食吃完，如何是好？就算夏侯楙弃城，但是长安城中有文武官员起来组织抵抗，魏延有把握拿下长安吗？又如果，诸葛亮主力部队不能如期赶到长安会师，魏延的五千兵力能够守长安多久？甚至，在攀山越岭的路程上，要是因为天气而耽搁怎么办？总之，蜀汉已经在刘备东征时丧失了大部分的精锐，实在经不起再次打击了！

姜维的来历为何，
其实他是个"反魏义士"？

> （姜）维人困马乏，不能抵挡，勒回马便走。忽然一辆小车从山坡中转出。其人头戴纶巾，身披鹤氅，手摇羽扇：乃孔明也。孔明唤姜维曰："伯约此时何尚不降？"维寻思良久，前有孔明，后有关兴，又无去路，只得下马投降。孔明慌忙下车而迎，执维手曰："吾自出茅庐以来，遍求贤者，欲传授平生之学，恨未得其人。今遇伯约，吾愿足矣。"维大喜拜谢。
>
> 《三国演义》第九十三回

　　姜维是诸葛亮死后，支撑蜀汉军事的重要人物，也是小说中孔明死后读者的感情寄托，算是半个男主角。他的初登场是在《三国演义》第九十二回末，当时诸葛孔明率军北出祁山，南安、安定都被孔明用计拿下，只有天水郡的小军官姜维，识破孔明计策，保住城池，并且和来取城的赵云战得平分秋色。孔明惊讶魏军中竟然有这种文武双全的高手，于是设计要收降他：先派魏延佯攻姜维母亲住的冀城（今甘肃甘谷西南），孝顺的姜维果然哀求天水太守让他分兵去救冀城，孔明派人制造谣言，说姜维已经降了蜀，所以各城都不放姜维入关，姜维走投无路，便只好投降了。

　　正史里关于姜维降蜀的记载比较无聊。《三国志》说：姜维是天水冀县人，父亲姜冏随都尉平定西羌乱事，不幸殉职，所以姜维以"烈士家属"身份，在天水郡担任从事，又赐官中郎。诸葛亮兵出祁山时，姜维和同事梁虔、尹赏等人跟随天水太守马遵巡视防务，当时诸葛亮"声威响震"，很多人暗中联络蜀军投降，马遵怀疑姜维也是其中之一，所以自己弃城逃走。姜维等人发现太守落跑，就到上邽（今甘肃天水）投奔马遵，但马遵拒绝放姜维等人入城，他们无处可去，于是只好到诸葛亮营中投降（维等乃俱诣诸葛亮）。等到马谡在街亭兵败，诸葛亮就把姜维等人连同西县百姓一千余户都带回蜀汉，姜维也因此和母亲隔绝（故维遂与母相失）。

看来，姜维之所以投奔蜀汉，并不是诸葛亮有意收降，而是被长官怀疑要投降，无路可去的情况下，只好真的投降蜀汉。姜维在蜀，很受诸葛亮的赏识和重用，诸葛亮先是让他担任仓曹掾（主管军粮的处长），加封义将军，封当阳亭侯，这时候他只有二十七岁。诸葛亮在给丞相府的留守官员张裔、蒋琬的信中称赞姜维："姜伯约甚敏于军事，既有胆义，深解兵意。此人心存汉室而才兼于人。"后来他又升任中监军、征西将军。

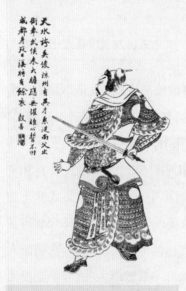

姜维是诸葛亮死后，担任蜀汉军事统帅的重要人物。

据说姜维在蜀汉为官后，和母亲分隔两国，魏国就发动亲情攻势，以姜母名义写信给他，看能不能打动姜维回国。姜母信里向姜维要一味药材"当归"，这是一语双关，意思是：儿啊，在四川玩够了，该回家啦。姜维的回信也用一种叫作"远志"的药材来比喻"但有远志，不在当归"，我有远大的志向，现在还不是回家的时候。看来姜维归降本来是心不甘情不愿的，但是受到重用以后，倒是真的"心存汉室"，成为"反魏义士"了！

诸葛亮错信马谡？
街亭失守的真正原因

> 却说孔明自令马谡等守街亭去后，犹豫不定。忽报王平使人送图本至。孔明唤入，左右呈上图本。孔明就文几上拆开视之，拍案大惊曰："马谡无知，坑陷吾军矣！"左右问曰："丞相何故失惊？"孔明曰："吾观此图本，失却要路，占山为寨。倘魏兵大至，四面围合，断汲水道路，不须二日，军自乱矣。若街亭有失，吾等安归？"
>
> 《三国演义》第九十五回

　　诸葛亮第一次北伐，具体进兵部署是这样的：以老将赵云领兵一万人，扬言要从斜谷道取郿县（今陕西眉县东），进占箕谷（今陕西汉中西北），做出佯攻长安的姿态，吸引魏军主力；而真正的蜀汉军主力部队，则由诸葛亮亲自率领，由祁山出，先取得陇右（陇山以西的地区）后，再进取长安。这是一个不求"全垒打"立刻得分，而用"安打"慎重推进的战略。执行初期，此战略可以说是非常成功。

　　然而前期的胜利，几乎完全断送在街亭战役的失败上。《三国志》里各传对这场战役的描述，和《三国演义》所描写的大致相同。在听到诸葛亮大举进攻的消息后，魏明帝曹叡并没有慌乱，反而亲自前往长安坐镇，指挥大将军曹真部署防御作战，并且派智勇兼备、经验老到的右将军张郃，率领五万精兵支援雍州前线。在接获报告后，诸葛亮召开军事会议，出乎众人意料的是，他不派老将魏延或是吴壹，而选择了参军马谡，去街亭抵挡张郃的援军。但是马谡违背诸葛亮的指令，舍水上山，不据守要道上的既有工事，反而想出一堆无效的花招，自以为可以居高临下而取胜。张郃兵到，首先截断马谡军取水的路线，等山上汉军缺水，自相混乱，张郃再全线攻击，"大破之"。马谡弃军逃亡，只有副将王平，带领一千多人，列队打行进鼓，缓缓撤退，张郃怀疑有伏兵，不敢追击。

街亭战役的整个经过，大致就是这样。小说和正史唯一的不同，是把还没参加抵御诸葛亮的司马懿说成是魏军主帅，而把史实上真正的主帅张郃降为先锋。这场战役后，原先蜀汉取得的三郡，又被张郃夺回。诸葛亮退回汉中后，追究责任，杀了马谡、张休、李盛等人，并且上表后主，引咎自责，降职三等，"以右将军行丞相事"。

不过问题来了：既然街亭关系全局，那为什么诸葛亮不亲自率主力迎战，而只是派马谡率军把守？理由很可能是：诸葛亮对整个战场情势变化的因应，有极严重的误判或是失准。我们推测：魏军曹真等人识破了赵云的箕谷攻势实际上只是佯攻，因此把主力部队全部集中去争夺战略要地街亭。这样，张郃的五万精兵和马谡的两万多人争夺街亭，兵力上就形成优势。诸葛亮方面可能对"张郃全军而来"这一重要情报过于大意，以为只是敌军的分遣队，所以继续把指挥重心放在攻击陇右诸郡上了。

图为马谡像。诸葛亮独排众议不用宿将魏延、吴壹，反而提拔参军马谡为主帅，导致了街亭失守的后果。

除了误用"言过其实"的马谡，导致战场统御失当以外，诸葛亮还误判了敌军动向，没有集结兵力，输掉了一场本该是主力决战的战役，以致全局逆转。这可能就是诸葛亮在战后所上的《街亭自贬疏》里，说自己没有知人之明（明不知人）、核判情报失准（恤事多暗），几乎一肩揽起全部失败责任的原因。

空城计其实很瞎，
但三国真有人用过？

> 孔明分拨已定，先引五千兵退去西城县搬运粮草。忽然十余次飞马报到，说："司马懿引大军十五万，望西城蜂拥而来！"时孔明身边别无大将，只有一班文官，所引五千军，已分一半先运粮草去了，只剩二千五百军在城中。众官听得这个消息，尽皆失色。孔明登楼望之，果然尘土冲天，魏兵分两路望西城县杀来。孔明传令，教"将旌旗尽皆隐匿；诸军各守城铺，如有妄行出入，及高言大语者，斩之！大开四门，每一门用二十军士，扮作百姓，洒扫街道。如魏兵到时，不可擅动，吾自有计。"孔明乃披鹤氅，戴纶巾，引二小童携琴一张，于城上敌楼前，凭栏而坐，焚香操琴。
>
> 《三国演义》第九十五回

话说街亭兵败，孔明急忙安排诸军撤退，正在分拨粮草、人马的当下，探马急报：司马懿十五万大军杀到！孔明身边全无大将，只有两千五百军士，无奈之余，只好大开城门，自己亲自在城楼上弹琴……《三国演义》第九十五回中的"空城计"，把"一生唯谨慎"的诸葛孔明在危急关头不得已而用险、司马懿小心翼翼唯恐上当吃亏的反应都描写得活灵活现。在传统戏剧里，《失街亭》《空城计》以及《挥泪斩马谡》经常一起演出，三者合称为"失空斩"。

不用说，这段"空城计"，史无其事，是小说家的虚构。裴松之在注《三国志·诸葛亮传》时，引用东晋人王隐写的《蜀记》，里面说西晋初年，有个叫郭冲的人，曾经说过五件诸葛亮没有被记载在史册上的事迹，称为"郭冲五事"。其中之一，提到诸葛亮驻兵汉中阳平时，派魏延带主力部队东下，自己则只以一万兵马守城，司马懿知道消息后，引兵追来，诸葛亮"救军中皆卧旗息鼓，不得妄出庵幔，又令大开四城门，扫地却洒"，司马懿怀疑有诈，于是退兵。罗贯中很可能就是以这个故事为蓝本，创作出小说中精彩的空城计。

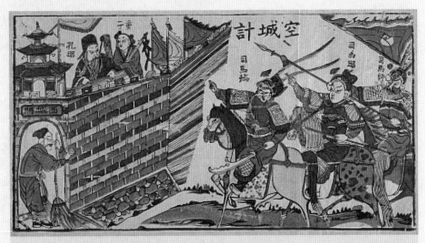

《空城计》一直是传统戏剧中相当受欢迎的剧目。

但郭冲版的"空城计"，有很多破绽，裴松之已经替我们一一驳斥了。首先，诸葛亮从来没有在汉中和魏军作过战，怎么可能有机会使出空城计？其次，魏延怎么可能带领主力部队？照《三国志》的说法，每次魏延随诸葛亮北伐，都请求带领万人执行他的"子午谷奇谋"，诸葛亮都"制而不许"。申请一万人的部队也不同意，诸葛亮可能让魏延率领主力部队，自己只留一万兵马吗？最后，裴松之质疑说，就算事情都如郭冲所说，那么司马懿率二十万大军，既然已经知道诸葛亮兵少力弱，如果怀疑附近有伏兵，那正好应该把城池围个水泄不通，怎么就撤兵走了呢（若疑其有伏兵，正可设防持重，何至便走乎）？看来"空城计"只存在于小说家的想象里，在真实战场上，这实在是一个很"瞎"的计谋！因为就算司马懿怀疑附近有埋伏，只要派小规模搜索队去察探一下，就能知道真相，那在城楼上弹琴的诸葛亮，岂不就成了瓮中之鳖？

不过，三国战争史上倒确实是有一次类似"空城计"的演出，主角是赵云，时间是建安二十四年（219年）。《赵云别传》记载：当时刘备正和曹操争夺汉中，某次大将黄忠遇见曹军运粮部队经过定军山北麓，便下去抢粮。赵云见黄忠迟迟未返，带数十名骑兵去寻找，恰好遇上曹军大部队，赵云且战且退，回到营区时，副将张翼想把营门关上，赵云反而下令大开营门，偃旗息鼓，曹军这下反而不敢轻入。赵云这时下令反击，用强弓射后撤的曹军，曹军惊慌逃窜，自相践踏，掉入汉水里淹死的也不少。是不是这个故事给了罗贯中创作灵感？我们就不得而知了。

挥泪斩马谡之谜

（马）谡自缚跪于帐前。孔明变色曰："汝自幼饱读兵书，熟谙战法。吾累次丁宁告戒：街亭是吾根本。汝以全家之命，领此重任。汝若早听王平之言，岂有此祸？今败军折将，失地陷城，皆汝之过也！若不明正军律，何以服众？汝今犯法，休得怨吾。汝死之后，汝之家小，吾按月给与禄粮，汝不必挂心。"叱左右推出斩之。

《三国演义》第九十六回

　　街亭之役，汉军溃败，导致诸葛亮第一次北伐以失败收场。在《三国演义》里，孔明退回汉中后，紧接着就是"挥泪斩马谡"。当然，在正史之中，对于街亭溃败责任的追究，还要经过一番调查、审讯，并不像小说里那样戏剧化，直接就把马谡推出去斩了。《三国志》里马谡无传，但是马谡的死有很多种说法，比如下狱后死在监狱中，或者兵败逃亡等，不过可以确定的是，诸葛亮对于处死马谡，感到非常伤心，却又不得不执行。

　　诸葛亮想杀马谡吗？从个人情感上来说，当然不想。但为什么诸葛亮终究仍是"挥泪斩马谡"呢？根据易中天先生的推测，原因可能和当时蜀汉的"族群政治"有关。

　　我们在前面讲过，蜀汉是一个"外来政权"。在政府高层里面，从皇帝到丞相、前线统兵的将军，"外省人"的比例极高。而"外省人"里面还分有先来后到的派系集团：随着刘焉、刘璋父子入蜀的"东州集团"与跟随刘备的"荆州集团"，入蜀的荆州人和统治阶层关系比较密切；而土生土长的"本省人"，既受到外来政权统治，又没有什么台面人物能够与上面这两大"外省人"集团分享政权，其"不爽"是可想而知的。

这种怨愤情绪，平日还能妥善应付，但是现在马谡兵败，倘若处置不公，很容易成为引爆点，使诸葛亮在各族群之间小心维持的微妙平衡就此瓦解。尤其诸葛亮"违众"选拔马谡担当重任在前，而马谡兵溃；丞相府长史向朗知道马谡兵败逃亡，又隐匿不报于后。这两个惹祸的人，一文一武，都出身荆州集团，而且还是诸葛亮平日亲近的友人、同事。假使同样出身荆州集团的诸葛亮，对马谡和向朗等人的处置，稍有含糊不公之处，很快就会使另两个集团失去对诸葛亮以及蜀汉政权的信任，诸葛亮一心想实现的法治理想，就无法达成。这就是为什么马谡非死不可的原因了！

马谡死后，诸葛亮主动承担起北伐失败的主要责任，不但自请贬职三级，而且坦白检讨自己的过失。千百年以后，我们仍然可以从这些举措里，看到诸葛亮大公无私的胸襟与真诚勇敢的决心。

孔明挥泪斩马谡。

《后出师表》真伪之谜

夫难平者，事也。昔先帝败军于楚，当此时，曹操拊手，谓天下已定。然后先帝东连吴、越，西取巴、蜀，举兵北征，夏侯授首：此操之失计，而汉事将成也。然后吴更违盟，关羽毁败，秭归蹉跌，曹丕称帝：凡事如是，难可逆见。臣鞠躬尽瘁，死而后已；至于成败利钝，非臣之明所能逆睹也。

《三国演义》第九十七回

《三国演义》第九十七回说道，蜀汉建兴六年，孔明见东吴陆逊大破魏将曹休于石亭，于是上表后主，请求再次出征讨伐曹魏。这篇表就是孔明继首次出祁山所上《出师表》后，再一篇宣示决心的大作。里面有许多文字，比如"汉贼不两立""鞠躬尽瘁，死而后已"等，至今仍然被人们所引用、传诵。

可是，这样一篇铿锵有力、名句处处的文章，从古到今，却有许多学者怀疑它的真实性，认为这是一篇由后人撰写，托名诸葛亮的"伪作"，这是为什么呢？

相对于诸葛亮在蜀汉建兴五年（227年）所上的《出师表》，又称《前出师表》真实性没有人怀疑，建兴六年所上的这一篇《出师表》，又称《后出师表》的真伪可就是个谜了。《前出师表》见于《三国志·诸葛亮传》以及陈寿编的《诸葛亮集》里，而《后出师表》只在东吴人张俨所写的《默记》当中出现，所以，会不会连陈寿也没见过《后出师表》，所以才没有收录呢？

再说，《后出师表》有个纰漏。表中讲"自臣到汉中，中间期年耳，然丧赵云、阳群、马玉、阎芝、丁立、白寿、刘郃、邓铜等"。阳群、马玉等人是谁暂且不说，诸葛亮竟然弄错赵云的生死！照《三国志》，赵云死于蜀汉建兴七年，而《后出师表》上于建兴六年十一月。赵云是蜀汉当时硕果仅存的老将，诸葛亮总不可能疏忽到弄错赵云生死！

况且，这两篇的语气有很大的差异。《前出师表》用词简洁，主旨壮烈，殷殷叮咛后主要"亲贤臣，远小人"；《后出师表》则读来沮丧悲观，而且语气重复、斧凿明显，比如"然不伐贼，王业亦亡；唯坐待亡，孰与伐之？"（不讨伐曹魏伪政权，我们还是会灭亡，与其坐着等灭亡那天，干脆还是打个仗好了。）出兵前反复地讲丧气话，这不是很奇怪吗？

但是，无论学者怎样质疑《后出师表》的真假，《后出师表》里的"鞠躬尽瘁，死而后已"八字，确实被大家公认是最能代表诸葛亮奉献奋斗精神的语句。写《诸葛亮评传》的学者余明侠，虽然也认为《后出师表》真伪难以断定，但还是倾向本表有诸葛亮一贯的精神与思想在其中。所以，《后出师表》究竟是不是诸葛亮所作，到现在还是一个待解的谜团。

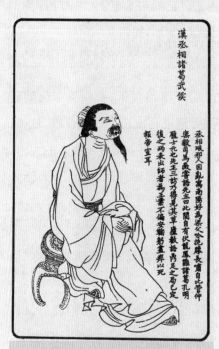

图为诸葛亮题跋坐姿像，清上官周绘。

孔明到底几出祁山？

众将曰："取长安之地，别有路途；丞相只取祁山，何也？"孔明曰："祁山乃长安之首也，陇西诸郡，倘有兵来，必经由此地；更兼前临渭滨，后靠斜谷，左出右入，可以伏兵，乃用武之地。吾故欲先取此，得地利也。"众将皆拜服。

《三国演义》第一〇〇回

说到孔明北伐中原，读者都会联想起"六出祁山"这个句子。为什么孔明每次都从祁山出兵攻击魏国？小说中的解释是：祁山位置险要，容易埋下伏兵。那么在正史中，诸葛亮到底几出祁山呢？

蜀汉建兴六年（228年）春，诸葛亮第一次出师北伐，很快就拿下天水、南安、安定等三座大城。据裴注引《魏略》说：起初，曹魏认为蜀汉只有刘备算得上一号人物（始，国家以蜀中唯有刘备），后来刘备死了，蜀中好几年都没有动静，所以曹魏对于蜀汉的进攻，事前一点准备也没有（备既死，数岁寂然无声，是以略无备预）。现在居然听见诸葛亮兵出祁山，真是吓倒朝野（而卒闻亮出，朝野恐惧）！可见，蜀汉这次北伐，有奇袭效果，事前又做足准备，胜算最大。但是街亭战役失败后，情势全盘逆转，只能退回汉中。

同年冬天，诸葛亮再次出兵，这就是小说中所称的第二次出祁山。史实记载，诸葛亮直扑陈仓，但是因为魏将郝昭坚守，蜀军粮尽，只好退兵，陈仓也没有攻下。

隔年（229年）春天，诸葛亮第三次出兵，派陈式为先锋，攻打雍州的武都、阴平两郡。魏国雍州刺史郭淮正准备迎战陈式时，诸葛亮的主力部队突然在后方的建威（今甘肃陇南北）出现，郭淮怕后路被截断，于是撤退。蜀汉攻下武都、阴平两郡，这是诸葛亮北伐最大的胜利。这次战役，诸葛亮并没有取道祁山，也没有如小说中所说，攻下陈仓和散关。

建兴八年（230年），司马懿和曹真领兵来攻打蜀汉。但是不幸在山区遇上连日大雨，只好退兵。小说里讲孔明趁这次机会，直接攻打祁山，是为第四次北伐，史上并无其事。

建兴九年（231年）春天，诸葛亮率军出祁山，和魏军司马懿对峙。这是历史上诸葛亮第二次，也是最后一次出祁山，同时是第一次和司马懿对阵。双方在卤城（今甘肃天水）僵持了好几个月，五月时司马懿发动攻击，被诸葛亮杀得大败，阵亡三千余人（获甲首三千级）。从此司马懿就采取稳扎稳打战略，不再主动出击，专门等诸葛亮粮尽退兵。

诸葛亮六出祁山绘图。

建兴十二年（234年），诸葛亮最后一次出兵，取道斜谷，和司马懿隔着渭水对峙。司马懿仍旧是持重不战，于是诸葛亮就命令军队在前线屯田，试图解决粮运不继的老问题。这样过了一百多天，诸葛亮积劳成疾，病逝在武功五丈原。他死后蜀军撤回，北伐也就结束了。

由上述来看，诸葛亮北伐，其实只有五次，当中也只有两次取道祁山。看来祁山在历史上对蜀汉进兵的战略价值，并不像小说里描写的那样独一无二。事实上，假使诸葛亮每次都以祁山当作出击路线，魏国不必防御其他边防要塞，还乐得轻松呢！

李严被废有内幕?

> 孔明大怒,令人访察:乃是李严因军粮不济,怕丞相见罪,故发书取回,却又妄奏天子,遮饰己过。孔明大怒曰:"匹夫为一己之故,废国家大事!"令人召至,欲斩之。费祎劝曰:"丞相念先帝托孤之意,姑且宽恕。"孔明从之。费祎即具表启奏后主。后主览表,勃然大怒,叱武士推李严出斩之。参军蒋琬出班奏曰:"李严乃先帝托孤之臣,乞望恩宽恕。"后主从之,即谪为庶人,徙于梓潼郡闲住。
>
> 《三国演义》第一〇一回

　　孔明第五次出祁山伐魏,在卤城装神弄鬼,吓退司马懿,正待乘胜追击,突然收到永安都护李严来信,说是东吴勾结曹魏来犯,孔明只好退兵。回到汉中,李严却妄奏后主,说他已准备好军粮,要启运前线,孔明却无故退兵。孔明查明真相:原来是李严因军粮不继,怕被究责,所以谎报东吴入侵。孔明大怒,于是奏请后主废黜李严为庶人。这就是《三国演义》第一〇一回当中所描述的"李严被废"情节。

　　李严被废一案,是当时蜀汉的惊天巨案。我们查考正史,案发过程和小说叙述稍有出入。建兴八年(230年),诸葛亮第四次北伐,在卤城与司马懿对峙,突然收到留守汉中的骠骑将军李严来信,说因为连日下雨,粮食接运前线有困难,请求诸葛亮撤兵。诸葛亮同意退兵,李严在军队撤退后,却很惊讶地表示:"军粮很充裕呀!为什么要退兵呢?"(军粮饶足,何以便归?)然后他又上奏后主,说退兵,大概是丞相的诱敌之计吧(军伪退,欲以诱贼与战)。此举逼得诸葛亮公开出示李严写给他的所有书信与公文。李严没办法狡辩,只好认罪。《三国志》作者陈寿分析李严睁眼说瞎话的原因，是想解除自己督办粮运不力的罪过，然后彰显诸葛亮军事上没有进展的责任（欲以解己不办之责，显亮不进之愆也）。于是李严被废黜为平民，发配梓潼郡（今四川绵阳）且限制其住居。

从表面上看，李严两边说谎，罪证确凿，应该不难处理。但是如果进行更深一层的思考，李严为什么会扯这么笨的谎？这件案子为什么让蜀汉政局暗潮汹涌？是不是有什么弦外之音？

诸葛亮上奏刘禅弹劾李严的奏章里透露了线索。诸葛亮指出，李严这个人，心中没有复兴汉室的理想，只想当大官而已。所以他在诸葛亮北伐前夕，请求把益州分出五个郡为巴州，让他出任新的巴州刺史（求以五郡为巴州刺史），又要求有独立的办事单位。诸葛亮都没有答应，不过为了安抚他，升他的儿子李丰为江州（今重庆市）督军。看来是诸葛亮一再安抚忍让，但李严依然故我，所以才会被废黜。

为什么诸葛亮必须一再容忍李严？我们要知道，李严其实是和诸葛亮一同受刘备托孤的重臣。李严是什么身份？他本是刘璋手下，投降刘备而获得重用。也就是说，他是"东州集团"在"荆州集团"政府里的看板人物。我们前面说过，蜀汉政治建立在一个脆弱的平衡上，愈晚入蜀的"外省人"，分享愈多权力，如果过分严办李严，很可能造成"东州集团"的人有所不平；但办得太轻，又难以交代。因此这也是诸葛亮处理李严一案，如同他"挥泪斩马谡"一样，必须慎之又慎的原因。

而族群问题始终是蜀汉难解的结，即使是诸葛亮这样的大政治家，也没办法彻底摆平。建兴十二年（234年），诸葛亮死，听到这消息的李严，竟然也跟着发病而亡。或许，李严是知道诸葛亮一死，后继者再也没办法弥补族群之间的裂痕，才这么绝望吧！

诸葛亮到底能不能打仗?

> 司马懿知孔明死信已确,乃复引兵追赶。行到赤岸坡,见蜀兵已去远,乃引还,顾谓众将曰:"孔明已死,我等皆高枕无忧矣!"遂班师回。一路上见孔明安营下寨之处,前后左右,整整有法,懿叹曰:"此天下奇才也!"于是引兵回长安,分调众将,各守隘口。
>
> 《三国演义》第一〇四回

在这里,我们讨论的是一个已经争论超过千年的辩题:到底诸葛亮懂不懂用兵,会不会打仗?

主张诸葛亮善于用兵、很会打仗的,也就是这场辩论的正方,最有名的当然就是《三国演义》。小说里的诸葛孔明用兵之奇妙,简直被捧成了"神"的等级!不但有"夺天地造化之术",可以借东风、未卜先知、料敌机先,还能施法术,借来六甲神兵,使用遁地之法,变幻莫测。要不是上方谷突然下起大雨,也许司马懿父子都要被孔明消灭了!因此连他的对手司马懿都承认他是"天下奇才也"!

相信小说孔明形象的读者,如果看到《三国志》作者陈寿对诸葛亮的评断,恐怕会觉得不可思议!陈寿说,诸葛亮连续几年动员军队作战,都没有获得成功(连年动众,未能成功),这是因为诸葛亮虽然很会治国,但是临机应变、率兵作战不是他擅长的领域(应变将略,非其所长)。甚至,连在《三国志·诸葛亮传》里称赞孔明"天下奇才"的司马懿,在《晋书·宣帝纪》中评论诸葛亮,都说他"志向很大而缺乏判断力(志大而不见机),计划很多而不能决断(多谋而少决),喜欢打仗却不懂临机应变(好兵而无权),就算他带十万兵马来犯,也难逃我的掌握，我必定能打败他"（虽提卒十万，已堕吾画中，破之必矣）。综合司马懿的意思，他认为诸葛亮很懂得练兵、后勤，所以称赞他是天下奇才，但是他在战场上的表现，是不及格的。

上面这两种说法，各有支持者，各自引用史料，吵了一千多年，也还没有定论。当然，也有人另辟蹊径，从"目的论"来看诸葛亮的军事表现，比如祝秀侠先生。祝先生认为要说诸葛亮不会用兵，是"过低评价武侯的军事才能"。司马懿是敌国将领，他贬低诸葛亮，可以理解。至于陈寿，他应该是了解诸葛亮的，之所以会做出诸葛亮"理民之干，优于将略"这种论断，是因为他必须"应付当时的晋帝"。也有人说，陈寿是因为父亲被诸葛亮惩罚，就在史书里说他的坏话，但这种说法并没有根据。

诸葛亮不只是领兵打仗的将领，还是身系蜀汉安危长达十二年的政治家，战争对他来说，是达到政治目标的手段。那么如果要问诸葛亮会不会用兵，就要看他是不是达到了目标。很多研究都指出，诸葛亮执政后的中长程军事目标，固然是"兴复汉室，还于旧都"，而维护蜀汉国防线的安全才是他念兹在兹的近程目标。从这个角度来看，诸葛亮北伐，凭蜀汉有限的人力、物力，几次主动进攻，打得曹魏只能招架，没有还手之力，北边国防线也获得了保障。所以，诸葛亮应该是"懂得"用兵的！

图为诸葛亮清代彩绘图。

魏延与杨仪的恩怨情仇，
想谋反的到底是谁？

（魏）延大笑曰："杨仪匹夫听着！若孔明在日，吾尚惧他三分；他今已亡，天下谁敢敌我？休道连叫三声，便叫三万声，亦有何难？"遂提刀按辔，于马上大叫曰："谁敢杀我？"一声未毕，脑后一人厉声而应曰："吾敢杀汝！"手起刀落，斩魏延于马下。众皆骇然。斩魏延者，乃马岱也。原来孔明临终之时，授马岱以密计，只待魏延喊叫时，便出其不意斩之。

《三国演义》第一〇五回

杨仪自以为年宦先于蒋琬，而位出琬下；且自恃功高，未有重赏，口出怨言，谓费祎曰："昔日丞相初亡，吾若将全师投魏，宁当寂寞如此耶！"费祎乃将此言具表密奏后主。后主大怒，命将杨仪下狱勘问，欲斩之。蒋琬奏曰："仪虽有罪，但日前随丞相多立功劳，未可斩也。当废为庶人。"后主从之，遂贬杨仪赴汉中嘉郡为民。仪羞惭自刎而死。

《三国演义》第一〇五回

现在我们来谈"魏延三部曲"的最后一部："谋反冤案"。话说在《三国演义》第一〇五回诸葛丞相归天之后，魏延就不服号令，准备投魏。还好孔明死前留下锦囊妙计，交代马岱扮演无间道，假意参加魏延军，在后冷不防斩杀魏延。魏延的结局，也呼应了前面孔明说他"脑有反骨"的预言。但是，历史上的魏延，真是因为谋反而被杀的吗？

史书记载，诸葛亮在蜀汉建兴十二年（234年），病逝于北伐军中。临终前，他交代长史杨仪、护军姜维、司马费祎等人关于撤退的部署，要首席大将魏延断后，如果魏延不奉令，那不必管他，姜维可径行指挥部队后撤（若延或不从命，军便自发）。诸葛亮死后，杨仪等人密不发丧，让费祎先去打探魏延的口风。果然，魏延拒绝接受杨仪的指挥，也不想替杨仪断后。（且魏延何人，当为杨仪所部勒，作断后将乎？）杨仪等人就遵照诸葛亮生前指示，不理会魏延，开始撤退。魏延得到消息，简直气坏了！于是抢在杨仪之前撤退（率所领径先南归），不但如此，还把途经的栈道都烧毁了（所过烧绝阁道）。

成都方面，后主刘禅同时接到两份完全相反的奏章，互指对方造反，于是就询问留守的蒋琬、董允等人，他们都怀疑造反的是魏延，而选择相信杨仪（咸保仪疑延），并且派出军队阻截魏延。这下魏延麻烦可大了！杨仪派王平到魏延军阵前喊话：丞相尸骨未寒（公亡，身尚未寒），你们怎么就敢造反（汝辈何敢乃尔）？于是魏延军队溃散，魏延带着两个儿子逃往汉中，在途中被马岱截杀。这下子平常就和魏延形同水火的杨仪可高兴了。史载，当马岱带魏延的首级回报时，杨仪用脚踏着其首级骂："笨奴才！你再坏呀！你再凶啊！"（庸奴，复能作恶不？）

魏延兵变，兵败身亡，这件事情看起来好像是平息了，但留下不少疑点。魏延想不想造反？身为统兵大将，魏延要造反，有两个选择：一个是自己当皇帝，另一个是"阵前起义"，投靠曹魏，反过来攻击杨仪。魏延应该了解自己没有什么政治号召力，不至于笨到想要杀回成都，取代阿斗；而从魏延是率军往汉中撤退，而不是向北投奔曹魏的举动来看，魏延并不想谋反（本指如此，不便背叛）。但是，问题又来了：如果魏延不是要造反，那他为什么要带兵南下？根据陈寿的推测，魏延不北上投靠曹魏反而南下的原因（原延意不北降魏而南还者），是想要杀掉杨仪等人（但欲除杀仪等）。

魏延为什么想要杀杨仪？这中间牵扯到蜀汉内部的一场政治斗争。

其实魏延没有谋反，还有一个很重要的证据：那就是蜀汉朝廷对杨仪的处置。诸葛丞相军前病死，大将魏延兵变被杀，杨仪把军队平安撤回，又平定魏延造反，应该是有功无过的，为什么在仅仅一年后，就被投入监狱，落了个自杀身亡的下场？

杨仪的下场，和蜀汉内部的党争和族群两大问题大有关系。根据《三国志》，杨仪是荆州襄阳人，本来在曹魏的荆州刺史傅群手下做事，后投奔关羽，又到益州见刘备。杨仪对事情很有见解，刘备升他为左将军兵曹掾（军事参谋处长），刘备称王以后，又拔擢他为尚书。诸葛亮北伐时，杨仪随行，负责粮食事务，所有粮食分配调运，他不用思考，马上都能办好，所以所有后勤事务，都由他负责（军戎节度，取办于仪），很得诸葛亮倚重。

问题是，杨仪和首席猛将魏延处得很不好，这在当时是一个公开的秘密。至于为什么不和，说来原因很可笑。魏延个性高傲，没什么人敢招惹，偏偏我们这位杨先生，绝不卖魏延面子（唯杨仪不假借延），因此魏延把杨仪当成头号仇人，两人势如水火。常见的场景是：两个人在会议里杠上，魏延拔刀嚷着要杀杨仪（延或举刃拟仪），杨仪则哭得眼泪鼻涕满脸都是（仪泣涕横集）。两个人各有所长，却如此不和，丞相诸葛亮真是头痛得不得了！幸亏有费祎努力在中间协调，才没有让冲突激化。

现在最大的政敌魏延死了，杨仪自认功劳很高，应该接替诸葛亮来辅政，结果后主却挑中了蒋琬掌政，杨仪呢，只担任一个没有实权的中军师虚职，更气的是，蒋琬以前还是他的部下，现在却爬到他的头上！所以杨仪每天都臭着脸大呼小叫（怨愤形于声色），尖酸刻薄的话从没停过。同事们生怕被台风尾巴扫到，没人敢跟他搭话（时人畏其言语不节，莫敢从也）。费祎去看他，杨仪竟然对费祎说：昔日丞相过世的时候，我要是带着军队和魏延合作（吾若举军以就魏氏），会像今天这样落魄失意吗？（关于"举军就魏氏"，学者解释不一，我们这里采取易中天先生的说法，"魏氏"指的不是曹魏，而是魏延。）费祎听到这种大逆不道的话，不敢隐瞒，立即向朝廷举报，于是杨仪被废为庶人，迁到汉嘉郡。但杨仪还继续上书"诽谤"，愈骂愈凶，于是被捕下狱，后在狱中自杀。

虽然说魏延意气用事、举动可疑，兵败身死是自取其咎，但杨仪不顾大局，因为个人恩怨而杀害国家将领，还在魏延死后羞辱他的首级，也是十足的小人面目！杨仪和魏延都同属"外省人"里的荆州集团，他遭到废黜、下狱的处置，和先前马谡被杀、李严被废一样，都是涉及蜀汉最敏感的问题"族群政治"。杨仪既然曾经是政府高层，却在"动员戡乱时期"，口出"叛乱"言论，不管他是不是真要造反，都无可饶恕了。

孙权的辽东大冒险!

太和二年,(公孙)渊长大,文武兼备,性刚好斗,夺其叔公孙恭之位,曹叡封渊为扬烈将军、辽东太守。后孙权遣张弥、许晏赍金珠珍玉赴辽东,封渊为燕王。渊惧中原,乃斩张、许二人,送首与曹叡。叡封渊为大司马、乐浪公。渊心不足,与众商议,自号为燕王,改元绍汉元年。

《三国演义》第一〇六回

因为不是男主角的关系,孙权在《三国演义》里的戏份,远不如刘备、曹操、诸葛亮等人来得多。蜀、吴双方和解以后,孙权在小说里的出场次数大减,甚至连他在嘉禾二年(233年),在辽东吃了一场大苦头的精彩故事,也只是寥寥几笔带过。

慢着,孙权是东吴皇帝,人在建业城中坐,又怎么会在千里以外的辽东栽跟头呢?这个故事要从谋求"辽东独立"的公孙渊在魏、吴之间掀起的一场风暴说起。

话说吴嘉禾二年春天,孙权君臣突然接到报告,辽东派人来称臣了!虽说之前吴国就借着海路和辽东暗通款曲,但是公孙渊上表称臣,还是把孙权给乐得晚上都睡不着了,这表示东吴的版图,要加上辽东半岛这一大块疆域。于是,孙权不顾许多大臣的劝阻,像煞有介事地组织了一个阵容庞大的特使团,带了许多金银财宝,搭船由海路到辽东,册封公孙渊为燕王。这个册封团由太常(铨叙部长)张弥、执金吾(首都公安局局长)许晏带领,将军贺达率领一万名士兵随行。试想,这支万人远洋船队,阵容该有多么浩大!

这支空前浩荡的册封船队,春天从建业出发,在夏天抵达辽东。

刚开始时，他们获得公孙渊的热烈欢迎，每天酒宴不断。可是就在这个时候，公孙渊已经萌生杀机。东吴对他来说，实在太远，就算孙权有心帮他，也是远水救不了近火，还不如杀了来使，借用他们的人头，向曹魏表示自己目前无意造反比较实际。于是，公孙渊选在某日宴席结束后，突然下手，杀了张弥等人，然后将所有东吴送来的金银财宝，以及大部分的吴兵俘虏，加上张弥、许晏两颗人头，都送往洛阳。在船上留守的贺达，知道大事不妙，赶紧掉转船头，拼着逆风回到东吴，总算是幸免于难。

听到这个坏消息，孙权简直气炸了！他怒道："朕已经六十岁了（实为五十多岁），尝遍世上的艰苦困难，最近却被这混账戏弄，真是令人气不打一处来呀！朕如果不亲手把公孙渊这个鼠辈的头砍下，丢到海中，就没有脸再当这个皇帝了！"（朕年六十，世事难易，靡所不尝，近为鼠子所前却，令人气涌如山。不自截鼠子头以掷于海，无颜复临万国。）这意思是他准备亲自率兵渡海，到辽东去征讨公孙渊！不用说，这一听就知道是皇帝气昏头时讲出来的情绪话，陆逊、薛综等人连忙"切谏"，说皇上万金之躯，万万不可以身涉险，给孙权一个台阶下。

孙权的辽东冒险还有一段续集。五年以后（魏景初二年，238年），魏明帝曹叡派司马懿征讨辽东，反复无常的公孙渊又赶紧向孙权称臣求援。这次孙权可没那么笨了，他假装答应，实际上准备派兵到辽东去捞一笔，但因为公孙渊很快就被打败而作罢。而孙权在辽东大栽跟头，不但被公孙渊耍得团团转，还惹得元老重臣张昭老大不爽的故事，我们下一篇再说。

图为吴大帝孙权彩绘像。

孙权火攻老宅男张昭?

（张）昭忿言之不用，称疾不朝。（孙）权恨之，土塞其门，昭又于内以土封之。（公孙）渊果杀（张）弥，（许）晏。权数慰谢昭，昭固不起，权因出过其门呼昭，昭辞疾笃。权烧其门，欲以恐之，昭更闭门户。权使人灭火，住门良久，昭诸子共扶昭起，权载以还宫，深自克责。昭不得已，然后朝会。

《三国志》

在上一篇里，我们说到孙权在辽东上了公孙渊的大当，不但被敌国（曹魏）耻笑，也因为他一意孤行，惹恼了重臣张昭。这事情从何说起呢？

张昭是孙氏政权的元老之一，据《三国志》，孙策以张昭担任长史，处理行政事宜；孙策临终之时，还托孤张昭，让其辅佐孙权（策临亡，以弟权托昭）。所以张昭在东吴地位极为崇高，孙权个性诙谐，爱起哄、讲笑话，但从来不敢对张昭胡说八道（与张公言，不敢妄也），算是非常敬重张昭了。张昭也毫不客气，常常拿出长辈的架子训诫孙权。也因如此，孙权称帝以后，两次任命丞相，声望最高的张昭反而全都落选。孙权的解释是：张老先生脾气刚烈，丞相的业务繁多（领丞相事烦，而此公性刚），既不适合，也挺折磨老人家（所言不从，怨咎将兴，非所以益之也）。

但是在孙权决定遣使到辽东，册封公孙渊这件事情上，年近八十的张昭又跳出来当长辈，阻止孙权。这一次，孙权再也忍不住了（权不能堪），拔出佩刀来对张昭说："吴国士人，入宫则拜孤，出宫则拜君，我对你的尊敬礼数，也是十二分地足够了，而你一再在众人面前给我难堪，我很怕自己脾气一来，失手伤了你！"张昭听了这话，怔怔地看着孙权慢慢说道："老臣虽知道话不中听，但每次还是竭尽自己的愚忠，是因为太后临终前，叫老臣到床旁，叮嘱我要看顾主上，这话还在耳边哪！"说完泪流满面。孙权听了，把刀丢在地上，和张昭相对哭泣。

上演了这感人的一幕后，张昭以为孙权接受他的劝谏了，谁知孙权仍旧派张弥、许晏率团出发，这下把张昭气坏了，反正自己是老废物，说话没人听，便不再上朝。孙权也生气了，"你不参加朝会，好，我叫人用泥土把你的门封起来！"（权恨之，土塞其门）没想到张昭脾气更倔，也命家人从内侧用泥土封门。后来公孙渊果然如张昭所料，杀了东吴使者，让孙权丢脸丢到外国去，孙权这才懊悔，于是几次来慰问，想道个歉，张昭就是不理。孙权急了，干脆在张家门口放火，想吓吓张昭，谁知道老先生竟然把门户关得更紧，一副要在家里坐以待毙的模样！这下子不但孙权紧张，张昭的儿子、孙子们也看傻了：我家老爷要跟皇上怄气到什么时候哇！他们赶紧把张昭扶出来和孙权见面，孙权不停地赔不是，张昭才勉强同意参加朝会。

孙权、张昭君臣这段"火攻老宅男"的闹剧，好在最后在张家劝说下，以好结局收场。孙权愿意低头道歉，代表他知错能改，不会死不认错。不过，这也显示出年轻时常常忍辱负重的孙权，在中年以后，愈来愈意气用事，这也导致了东吴后期的乱局。

东吴名臣张昭。

被误解的三国

司马懿为什么要装病？

（李）胜曰："太傅如何病得这等了？"左右曰："太傅耳聋。"胜曰："乞纸笔一用。"左右取纸笔与胜。胜写毕，呈上，（司马）懿看之，笑曰："吾病的耳聋了。此去保重。"言讫，以手指口。侍婢进汤，懿将口就之，汤流满襟，乃作哽噎之声曰："吾今衰老病笃，死在旦夕矣。二子不肖，望君教之。君若见大将军，千万看觑二子！"言讫，倒在床上，声嘶气喘。李胜拜辞仲达，回见曹爽，细言其事。爽大喜曰："此老若死，吾无忧矣！"

《三国演义》第一○六回

2017年热播的中国历史电视剧《军师联盟二：虎啸龙吟》第三十七集，年已老迈的魏国太傅司马懿接见访客，却把荆州听成并州，让汤汁从嘴里淌出来，流得胸前都是，故意装得一副衰老病残、一只脚已踏进棺材的模样，演员将老年司马懿演得惟妙惟肖，同时也展现出了司马懿本人的绝佳"演技"！话说在魏明帝曹叡死前，安排由三朝老臣、太尉司马懿与宗室代表、大将军曹爽（曹真长子）共同辅政。曹爽和他的手下扶幼主曹芳登基以后，封司马懿为太傅，却夺去他的兵权，这种明升暗降的招数，老辣的司马懿怎么会看不出来？于是一面暗中准备，一面装作老病缠身，让曹爽不疑有他。曹爽手下李胜将出任荆州刺史，临行前，奉命来拜谒司马懿，顺便刺探他的状况，于是司马懿就上演了这一出"诈病"戏码。

这场"诈病赚曹爽"的好戏，就是司马懿发动的"高平陵政变"的前奏。果然曹爽认为司马懿老病将死，毫不提防。正始十年（249年）正月，曹爽与亲信陪同皇帝去高平陵（曹叡陵寝）扫墓，司马懿闪电发动兵变，接管曹爽军营，接着，以皇太后的名义，罢黜曹爽一切职务。

这时候，大司农（财政部长）桓范冒险逃出京城，极力劝说曹爽赶紧奉皇帝前往许都，来个"挟天子以令诸侯"，抵抗到底。但曹爽是个公子哥儿，犹豫半天，最后竟决定向司马懿投降，表示"那我辞职，当个富翁也就够了"（为富家翁足矣）。气得桓范大骂："曹真一生聪明，怎么会生出你们这几个猪头！"（兄弟三人，真豚犊耳！）果然，司马懿并没有放过失去权力的曹爽，不久后以谋反名义把曹爽、桓范等人全部处死，族人也都杀光。

高平陵兵变，就这样以司马懿大获全胜、曹姓宗室全面失势告终。就像曹操掌握东汉政权一样，司马家族从此独揽大权，为日后篡魏建立晋朝奠定基础。那么为什么司马懿发动兵变，推翻执政的曹爽集团，会这么顺利呢？这是因为曹操压抑世家大族，导致失去这些豪门对皇室的向心力。司马懿发动政变，根据史学家劳干先生的说法，就是"东汉的世家豪族，对压迫者曹家政权的一个总攻击"。历来很多人指责司马懿受两代皇帝（曹丕、曹叡）托孤，却狡诈地夺走曹魏江山，其实无论是"诈病赚曹爽"还是"高平陵兵变"，都只是历史的表面。真正在事件下潜行酝酿的大趋势，是东汉末年的世家豪门借由"九品中正制"上演"大复活"，架空了曹魏政权。

司马懿历经曹操、曹丕、曹叡、曹芳四代君主，晚年发动"高平陵之变"，掌握曹魏的政权。

东吴的诸葛先生怎么了？

> 酒至数巡，吴主孙亮托事先起。孙峻下殿，脱了长服，着短衣，内披环甲，手提利刃，上殿大呼曰："天子有诏诛逆贼！"诸葛恪大惊，掷杯于地，欲拔剑迎之，头已落地。
>
> 《三国演义》第一〇八回

出身琅琊（今山东临沂）的诸葛家族，算是三国时代的"第一世家"，魏、蜀、吴三国各有"诸葛先生"位居高官。蜀汉的诸葛亮丞相鼎鼎大名，不用多说；孔明的哥哥诸葛瑾在东吴为官；连曹魏都有他们的堂弟诸葛诞，担任过征东大将军。在这么多位"诸葛先生"里，这一问我们要说的主角是诸葛瑾的儿子——诸葛恪。

诸葛恪小时候就聪明外露，也就是现在说的天才儿童。《三国志》说了一个故事：孙权喜欢和群臣开玩笑，爱"亏"手下重臣。有一次他大宴百官，诸葛恪的父亲诸葛瑾也在座，席间，孙权命人牵一只驴进来，驴头上写"诸葛子瑜"四个大字，大家哄堂大笑。原来诸葛瑾脸形长，孙权拿这点开他的玩笑。这时只见诸葛恪不慌不忙，走上前去，在"诸葛子瑜"下面写上"之驴"两字，替父亲解围。于是，孙权就把这只驴赏给了诸葛瑾。

诸葛恪反应敏捷，会说话，而且说得漂亮。家族出了这样一个天才少年，诸葛瑾并不高兴（瑾常嫌之），常说诸葛恪不是会兴旺家门的孩子（非保家之子）。而诸葛恪在孙权提拔下，一路升官，先是担任抚越将军平定山越，又负责东吴东线国防。后来孙权病重，诸葛恪被命为大将军兼太子太傅，担任新皇帝辅政团的首辅。于是继诸葛亮以后，诸葛家族又有一人受皇帝托孤！他执政之初，废除监察百官的特务，松绑言论管制（罢视听，息校官），免除欠税和关税（原逋责，除关税），凡事都以争取民心为主。结果，诸葛恪很受爱戴，他每次上下班，民众都拉长脖子，想看他长什么模样（恪每出入，百姓延颈思见其状）。

可是，就在这种形势大好的时候，诸葛恪好大喜功、急躁轻浮的狐狸尾巴就露出来了！他自以为在国内威信已经树立，该是发动对外战争的时候，于是不听群臣劝阻，接连发兵攻打魏国。虽然头一次侥幸获胜，但接下来几次，不但无法攻下城池，吴军还暴发传染病疫情，士气低落；再加上为了支援后勤，诸葛恪驱使二十万民工上前线，一下子就弄得民怨沸腾。更糟糕的是，诸葛恪打了败仗，却不愿意负责，还变本加厉（愈治威严，多所罪责），这就引来了杀机。

吴建兴二年（253年）春天，诸葛恪被小皇帝孙亮召入宫参加酒宴，没想到这是侍中孙峻（孙权的侄孙）安排的陷阱。酒过数巡，皇帝离席，孙峻借口如厕，脱去外罩的礼服，持刀大喊："皇上有旨杀诸葛恪！"诸葛恪大惊，但他手无寸铁，来不及反应，当场死于乱刀之下。

同样受命辅佐幼主，叔叔诸葛亮"大名垂宇宙"，诸葛恪却落得乱刀砍死、全家被杀的下场！诸葛瑾说他不是"保家之子"的预言，果然应验了！

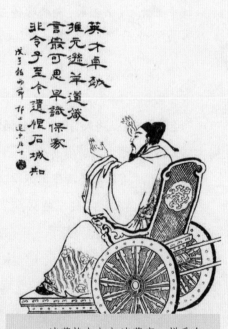

诸葛恪与叔叔诸葛亮一样受命辅佐幼主，下场却大不同。

为什么连路人都知道
司马昭之心？

> 时魏甘露五年夏四月，司马昭带剑上殿，（曹）髦起迎之。群臣皆奏曰："大将军功德巍巍，合为晋公，加九锡。"髦低头不答。昭厉声曰："吾父子兄弟三人有大功于魏，今为晋公，得毋不宜耶？"髦乃应曰："敢不如命？"昭曰："潜龙之诗，视吾等如鳅鳝，是何礼也？"髦不能答。昭冷笑下殿，众官凛然。髦归后宫，召侍中王沈、尚书王经、散骑常侍王业三人，入内计议。髦泣曰："司马昭将怀篡逆，人所共知！朕不能坐受废辱，卿等可助朕讨之！"
>
> 《三国演义》第一一四回

"司马昭之心，路人皆知"这句话，意思是指野心阴谋已经昭然若揭。那么，司马昭到底怀着什么心、干下什么事，让当时的路人，以及一千多年后的我们，都还清楚地记得这句话呢？

自从司马懿发动"高平陵兵变"，诛杀曹爽以后，魏国政权就全掌握在司马家族手里。嘉平三年（251年），司马懿去世，长子司马师掌权，继续清除朝中忠于皇室的宗亲大臣，不久后就找理由，把皇帝曹芳废黜，另立年仅十四岁的曹髦为帝。正元二年（255年）司马师病死，司马昭接替哥哥，担任大将军。司马昭摆明了学曹操、曹丕父子篡汉的模式，而且更为恶心：在平定淮南诸葛诞的叛变后，甘露二年（257年），朝廷封他当相国、晋公，当明显是由他授意的封诏颁布时，司马昭还假装谦让，"固辞不受"，实在是惺惺作态到了一定地步！

司马昭这种"贪吃又装害羞"的姿态，日渐长大的小皇帝曹髦当然看得出来。据说他写了一首《黄龙歌》（小说里是《潜龙歌》），悲叹自己只是傀儡，日后定要效法祖先宏烈，来个飞龙在天。这首诗很快就被司马昭安在宫中的间谍报告上去，于是司马昭起了戒心。曹髦忍耐不住，召集王经、王沈、王业等人，说道："司马昭的野心，路人都知道！"（司马昭之心，路人所知也。）"朕不能坐在这里等他来废黜我，现在就要带你们去讨伐他。"（吾不能坐受废辱，今日当与卿等自出讨之。）于是，皇帝就带领宫中约三百名仆役，出发"讨伐"司马昭。这时司马昭已经从王沈、王业等人处知道消息，派兵入宫。双方在宫门遭遇时，司马昭这边的人，碍于"弑君"的名声太难听，没人敢对皇帝下手。中护军贾充就唆使成济动手，当胸一剑对穿而过，曹髦惨死在马车上。司马昭后来又立曹奂当皇帝，也就是曹魏的末代皇帝。

司马家族，没有任何打动人心的政治号召，单靠上述这些阴谋诡计以及残忍杀戮，就从曹家手上夺走天下，建立晋朝。虽然过程算是顺利，但是在当时以及后世，都留下很不好的名声。《世说新语》记载：东晋初年，也就是曹髦被杀约六十年后，大臣王导、温峤去见东晋明帝司马绍，皇帝

图为后人绘制的司马昭（右）、司马攸（左）。

问温峤:"我大晋朝是怎么建立起来的?" 王导看温峤回答不上来,就一五一十地把司马懿杀曹爽、司马昭杀曹髦的故事讲给皇帝听。明帝听完,把脸蒙在床被里说:"如果像您所说的这样,那我们国家还能长久吗?"(若如公言,祚安得长!)如此看来司马昭所做的坏事,子孙都替他感到羞耻!

孔明的儿子虚有其表？

却说诸葛瞻见救兵不至，谓众将曰："久守非良图。"遂留子尚与尚书张遵守城，瞻自披挂上马，引三军大开三门杀出。邓艾见兵出，便撤兵退。瞻奋力追杀，忽然一声炮响，四面兵合，把瞻困在垓心。瞻引兵左冲右突，杀死数百人。艾令众军放箭射之，蜀兵四散。瞻中箭落马，乃大呼曰："吾力竭矣！当以一死报国！"遂拔剑自刎而死。

《三国演义》第一一七回

在《三国演义》第一一七回里，邓艾带几千士兵，裹着毛毯，从山岭一路滚下，偷渡阴平，一下拐进成都平原，毫无心理准备的蜀汉朝野陷入慌乱，匆忙之中令诸葛亮的儿子诸葛瞻率军抵挡。诸葛瞻虽用木雕孔明吓退魏军，打赢了第一仗，但是没有退路的邓艾背水一战，大破蜀军，诸葛瞻和长子诸葛尚都自杀殉国，这一战也敲响了蜀汉灭亡的丧钟。

小说和正史记载有些不同。蜀军主帅诸葛瞻，并没有靠孔明雕像来吓退魏军。诸葛瞻是诸葛亮长子，十七岁当上驸马爷，他知识渊博，又善绘画、书法，蜀汉人民因为怀念诸葛亮的关系，常常把和诸葛瞻无关的政策，说成是他的贡献（每朝廷有一善政佳事，虽非瞻所建倡，百姓皆传相告曰：葛侯之所为也）。所以陈寿批评诸葛瞻，说他"美声溢誉，有过其实"。然而也有人指责：陈寿以前在诸葛瞻手下做事，和他有私怨（陈寿尝为瞻吏，为瞻所辱），所以故意贬损他。真的是这样吗？

因此我们必须检讨诸葛瞻指挥的"绵竹保卫战"。这一战，蜀汉军队仍然将士用命，光看阵亡的文武官员，《三国志》里记载的就有一长串，除了诸葛瞻、诸葛尚父子，还有尚书张遵（张飞的孙子）、羽林右部督李球（李恢的侄子）、尚书郎黄崇（黄权的儿子）等人，全都奋战身亡，可见这场战争之激烈。

那么既然将领们都全力以赴，我们就要看主帅诸葛瞻的表现了。《三国志》附录黄权留在蜀汉的儿子黄崇的生平，留下一段关于绵竹之战的记载：邓艾从阴平朝成都进兵，黄崇跟随卫将军诸葛瞻前去抵挡，到涪县时，诸葛瞻停滞不前，黄崇苦劝诸葛瞻，应该马上占领要塞或险要之地，千万不能放敌人进入成都平原，但是诸葛瞻仍"犹豫未纳"，黄崇急得痛哭流涕。结果邓艾军队"长驱而前"，诸葛瞻只好退军到绵竹与魏军会战，最后兵败自杀，黄崇也奋战身亡。

黄崇建议诸葛瞻赶快抢占山地险要之处，是根据蜀汉惯用的山地突击战术；而以蜀军马匹少，适合山地作战，不利平原野战的特性来看，这个建议更具有正确性。假使能将邓艾几千士兵困在山地，等姜维救兵来到，情势可能会有转机。从史料来看，诸葛瞻先是犹豫不决，错失良机，接着又不守绵竹城，而是选择和邓艾野战，在战略上一错再错！诸葛瞻是不是有什么苦衷？因为没有证据，史家们也只能各做猜测，而除非有新的史料足以翻案，不然陈寿说诸葛瞻声誉"有过其实"，即声望大过才能的评价，恐怕是难以推翻的。

诸葛瞻为诸葛亮的长子。

姜维的最后一击！

> （姜）维拔剑上殿，往来冲突，不幸心疼转加。维仰天大叫曰："吾计不成，乃天命也！"遂自刎而死。时年五十九岁。宫中死者数百人。卫瓘曰："众军各归营所，以待王命。"魏兵争欲报仇，共剖维腹，其胆大如鸡卵。
>
> 《三国演义》第一一九回

蜀汉景耀六年（263年），魏国以钟会、邓艾、诸葛诞兵分三路攻打蜀汉。蜀汉大将军姜维率军抵抗，在剑阁（今属四川广元）挡住了钟会、诸葛诞两路攻势，钟会因为粮食补给发生问题，已经在考虑撤兵。没想到，邓艾单独率兵绕过剑阁，从阴平暗渡，奇迹似的抵达成都平原！蜀汉措手不及，在诸葛瞻率军抵挡战败之后，后主刘禅决定投降，同时也通知仍在剑阁作战的姜维部队放下武器，蜀汉就此灭亡。《三国志》记载：当将士们得到消息后，气得"拔刀砍石"，可见不战而降，大家都不甘心。

姜维遵奉后主命令，就地向钟会投降。但是，就在此时，这位诸葛亮一手栽培的"反魏义士"还没有认输，他正在策划一场史无前例的"复国奇谋"。

姜维先取得钟会的信任。史载，钟会看到姜维前来投降，很高兴地说："怎么这么晚才来？"（来何迟也？）姜维流着眼泪说："现在来还太早了！"（今日见此为速矣！）钟会"甚奇之"，也就是说，姜维一句话就令钟会大为赏识。因此，钟会给姜维的待遇非常优厚，甚至没有解除姜维军队的武装。姜维把握这个机会，挑拨钟会和邓艾二人的关系，让钟会上表司马昭，说邓艾有种种违法举动必须召回，然后在半途将他杀害。接着，姜维又劝钟会坑杀所有驻蜀的魏国将领，占据蜀地，自立为王，钟会也答应了。这时候，姜维偷偷给后主密信："愿陛下忍数日之辱，臣欲使社稷危而复安，日月幽而复明。"

隔年（264年），钟会果然自封为益州牧，称兵反魏，他准备授予姜维五万军队（可能是原蜀汉军队）当作先锋部队。就在姜维计划即将成功的时候，有人走漏了钟会准备杀害其他魏国将领的阴谋，成都发生兵变，钟会、姜维和许多原蜀汉将领都在乱兵之中遇害。

姜维这个"假投降，真夺权"的"复国奇谋"，即使最终功败垂成，也还真是大胆而想象力十足！后来，东晋时的孙盛批评姜维，说他这个复国计划，根本就是"不可能的任务"（理外之奇举）！裴松之倒是替姜维辩护，说当时姜维只差一步，就可以恢复蜀汉，不能因为他最后失败，而否定这计划有成功的可能性（不可以事有差牙，而抑谓不然）。否则，战国时代田单摆的火牛阵，假如中途出了差错，难道也要说这是个"天兵计划"吗？（设使田单之计，邂逅不会，复可谓之愚暗哉！）

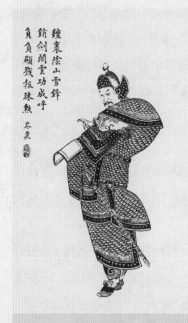

邓艾为三国时曹魏后期名将，因偷渡阴平，迫使蜀帝刘禅投降，建立灭蜀奇功。

根据正史记载，姜维死在兵乱之中。《三国演义》里，他因为心痛而无法作战，最后自杀的情节，都是虚构的。姜维死时六十二岁，不是小说中说的五十九岁。再说了，姜维非但没有"心痛"，也没有"胆大如鸡卵"，小说这样写，或许是想替姜维添上一抹悲剧英雄的色彩吧！

"乐不思蜀"
其实有深刻的含义？

> 后主亲诣司马昭府下拜谢。昭设宴款待，先以魏乐舞戏于前，蜀官感伤，独后主有喜色。昭令蜀人扮蜀乐于前，蜀官尽皆堕泪，后主嬉笑自若。酒至半酣，昭谓贾充曰："人之无情，乃至于此！虽使诸葛孔明在，亦不能辅之久全，何况姜维乎？"乃问后主曰："颇思蜀否？"后主曰："此间乐，不思蜀也。"
>
> 《三国演义》第一一九回

说起后主刘禅，恐怕大家都会联想起"扶不起的阿斗"这句话来，也因此，"阿斗"这个后主的小名，就留在中文词汇里，成了专指没有才干的人的代称。

阿斗为什么被看扁到这个程度？首先当然是他在诸葛亮死后，逐渐昏庸无能，宠信奸臣（阎宇）宦官（黄皓），导致政治败坏；其次就是当魏国攻打蜀汉时，竟然不战而降，连他的儿子都看不下去，跑到爷爷刘备的庙前告状，全家自杀；最后，最令后世印象深刻的就是他投降魏国以后，上演的那出"乐不思蜀"戏码：司马昭请刘禅吃饭，席间命乐团演奏蜀国歌曲，投降的原蜀汉官吏们个个痛哭流涕，只有后主嬉笑自若。《汉晋春秋》里记载，司马昭跟他的部属说："人之无情，可以到这个程度哇！就算诸葛亮在世，也难以长期辅佐这样的主子周全，何况是姜维呢！"能够无情、无耻又无能到这样的地步，不禁令人怀疑，当初赵云在长坂坡救出阿斗时，是不是撞伤了他的头，所以才让刘禅变成这副德行呢？

阿斗真的这么不行吗？我们先看陈寿对他的评价。陈寿说，后主刘禅像块白布，为什么呢？因为当贤相如诸葛亮在位时，刘禅就是个遵循义理的贤君；而当小人当权，后主又沦为昏庸愚暗的末代皇帝。看起来，刘禅是个任人摆布，自己全无主张的人。

可是，近来也有学者主张，刘禅其实是大智若愚，并不是"脑残"。有两个证据可以支持这样的说法。刘禅很巧妙地取回了自己的权力，诸葛亮在建兴十二年（234年）病逝后，遗留的丞相一职悬缺，刘禅"遇缺不补"，任命蒋琬为尚书令、大司马，主管行政，兼管军事，又升费祎做大将军，主管军务，而兼理行政（录尚书事），两人互相监督，大权回到皇帝之手。套句易中天先生的话，像"这样一种高明的政治格局和权力分配，岂是智力障碍者想得出的"？

而刘禅那番"乐不思蜀"的演出，其实含义也很深刻。这是亡国之君在身处危险境地时，为了自救，所做出的一种表态：我刘禅没有政治野心。试想，司马昭让乐团演奏蜀国音乐，可能意在试探，假如刘禅表露出思念故国之情，很可能就会让司马昭怀疑，刘禅还念念不忘以前当皇帝的日子！或者，即使后主本人没有这个意思，也难保蜀地没有像姜维那样的人，以刘禅为号召，再次起兵。如果这样，司马昭还能让刘禅活下去吗？

既然刘禅不是个智力障碍者，问题就又来了。那么为什么魏军攻打蜀国，他随便就投降了？刘禅投降，是因为他知道蜀汉无法再战，这里涉及蜀汉亡国的致命因素，也就是我们最后一篇要讨论的"三分归晋"的原因。

羊祜与陆抗的"另类战争"

> 南州百姓闻羊祜死，罢市而哭。江南守边将士，亦皆哭泣。襄阳人思祜存日，常游于岘山，遂建庙立碑，四时祭之。往来人见其碑文者，无不流涕，故名为堕泪碑。后人有诗叹曰："晓日登临感晋臣，古碑零落岘山春。松间残露频频滴，疑是当年堕泪人。"
>
> 《三国演义》第一二〇回

在金庸武侠小说《神雕侠侣》第三十五回"三枚金针"当中，丐帮帮主鲁有脚在岘山脚下羊太傅庙里，被人暗算身亡。郭襄去庙中吊祭，没想到遇上蒙古武士尼摩星，这时有人出手，解救了郭襄。郭襄母亲黄蓉心中起疑，夜里再潜到羊太傅庙的"堕泪碑"旁打探，听见有人说"恩公"姓名和羊太傅"音同字不同"，谜底揭晓：原来解救郭襄之人，正是神雕大侠杨过。小说里羊太傅庙既然这么重要，那么这个和杨过姓名发音相近的人是谁？为什么大家想到他都要掉眼泪？

"羊太傅"指的是晋朝大将羊祜，字叔子。羊祜生于曹魏建国初期，姐姐是司马师夫人，自己也在魏国朝廷中任职。司马炎篡魏建立晋朝后，泰始五年（269年）羊祜被任命为荆州都督，总管长江中游军政，和吴国控制的南荆州隔江对峙。三年后，吴国西陵（原来的夷陵）守将步阐秘密派人向晋投降，但消息走漏，步阐被包围。羊祜等人兵分两路，一边前去接应，一边"围魏救赵"，派兵偷袭江陵。没想到此计被吴兵主帅识破，晋军还没赶到，西陵叛军已经被消灭。羊祜等人无功而返，知道吴国还有此等厉害人物，从此以后，步步为营，改打

"以德服人"的"另类战争"。

这位让羊祜碰了大钉子的吴国主将，是陆逊的次子陆抗。《三国志》记载：陆抗继承父亲的军政才干，很年轻时，就显露出沉着坚强的人格特质，颇有乃父之风。孙权晚年，宠爱鲁王孙霸，陆逊支持太子，被孙权误会，遭到屡屡责问，忧愤而死。陆抗替父亲申冤，讲得有条有理，使孙权慢慢省悟过来。陆抗接替父亲镇守荆州，屡屡击败晋军，保住江陵安全。东吴末期，政治紊乱，其实就靠陆抗和丞相陆凯，一文一武，支撑着濒危的国家。

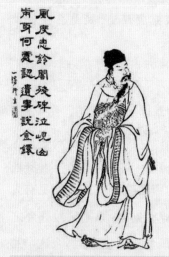

羊祜是曹魏晚期与西晋早期的军事家，以《三国演义》最后章回与陆抗的心理战而著名。

回头说羊祜进行的"另类战争"。既然强攻不行，晋军改采"思想作战"，对吴国军民广施恩惠，争取人心：来投降的吴军将士如果反悔，绝不阻拦；与吴军作战，不施诡计；晋军士兵有误割吴境稻谷者，羊祜派人送还；如果晋军捕到猎物，发现是吴人先射伤，奉送吴国。于是两岸和平相处，吴人敬佩羊祜，都尊称他"羊公"。

面对这种柔性攻势，陆抗心知肚明：羊祜打的是心理战，想不战而屈人之兵。于是他也陪羊祜打起"另类战争"。两人斗法，进行到最高峰的时候，陆抗送美酒给羊祜，羊祜整壶饮用；陆抗生病，羊祜派人送药，陆抗毫不怀疑取来便服用。很遗憾，吴国皇帝孙皓，看不懂这么高段数的战争，屡屡要陆抗出兵。陆抗不久病死，羊祜知道南征的时机到了，但不幸他不久也因病去世，临终前推荐杜预担任攻吴主将。史载当羊祜去世时，连吴军士兵都哀伤哭泣。

"三分归晋"
的原因是什么？

> 钟会、邓艾分兵进，汉室江山尽属曹。丕、睿、芳、髦才及奂，司马又将天下交；受禅台前云雾起，石头城下无波涛。陈留、归命与安乐，王侯公爵从根苗。纷纷世事无穷尽，天数茫茫不可逃。鼎足三分已成梦，后人凭吊空牢骚！
>
> 《三国演义》第一二〇回

　　灭掉蜀汉后不久，曹魏自己也被长期把持政权的司马家族篡位。司马昭的长子司马炎当上新成立的晋朝开国皇帝。于是，"三分鼎立"暂时成了"晋吴对峙"的局面。280年，当晋朝大军分三路进逼建业，吴末帝孙皓出城投降，三国时代正式结束，一个短暂的大一统时代来临。

　　在小说的最后一回，罗贯中用感伤的诗句来凭吊这个英雄激战的时代。的确，即使强大如罗马帝国，也有衰亡的一天，魏、蜀、吴三国当然也不例外。只是，撇开直接致命的因素（军事征服）不说，三国是否各自有起于内部的长期病因，导致国家日益走向衰颓呢？

　　让我们按照灭亡的顺序，分别讨论在开国之初就潜藏在三国当中的灭亡原因：三国之中法治最上轨道、政府最清廉的蜀汉，其实就亡在它一直是个"外来政权"，或者说，由"外省人"把持的政权。刘备入蜀，荆州集团跟着入川，从此一直占据统治阶层，所谓"豫州（刘备）入蜀，荆楚为贵"，而蜀汉"本土化"的努力，在诸葛亮死后，又做得太慢、太少。从诸葛亮开始，到最后的姜维，执掌军政的首席大臣，全部都是"外省人"，于是分享不到权力的"本地人"逐渐产生离心情结。这就是我们前面谈过的，为什么当邓艾几千军马兵临城下，后主刘禅没怎么抵抗就投降的原因："本省人"不愿意替外来政权效命！

曹魏则亡在皇室的衰弱：曹丕篡汉称帝后，由于对他的兄弟不能完全放心，于是大为削弱宗室的封地与权力，甚至派人监视诸王。结果从明帝曹叡以后，小皇帝孤立无援，没有强而有力的宗室作为依靠。再者，因为曹操大力压制世族豪门，造成这些有钱有势的家族全部靠向司马懿，以致司马家族轻轻松松就取得了政权。当然，这样的变动也有思想上的根源：正如学者张侯生先生所指出的，"清谈玄学"成为潮流时尚，而这种思想潮流无法阻挡拥有娴熟政治手段的司马家族蚕食鲸吞、铲除异己。

至于由"战斗团体"起家的东吴，尽管立国几十年，仍然没有建立起运作良好的文人政府和权力转移制度，所以孙权死后，为了抢夺政治权力，军事政变、流血斗争不断发生，在这许多次的谋杀、叛变里，国力就被内耗殆尽了。东吴之所以能够在蜀汉、曹魏相继灭亡之后，还能和晋朝隔长江对峙近二十年之久，除了有陆抗镇守在荆州的原因，就只是因为晋朝的军事准备还没完成而已！

图为晋武帝司马炎画像。

曹操的雄心机谋、诸葛亮的耿耿孤忠、周瑜的风流倜傥，还有官渡屯起的土山、赤壁被焚烧的战船、夷陵战马踏踩过的痕迹，都随着三分归一统而烟消云散了！让我们最后也用唐朝诗人刘禹锡《西塞山怀古》的诗句，作为本书的结尾：

人世几回伤往事，山形依旧枕寒流。
今逢四海为家日，故垒萧萧芦荻秋。

‖参考文献‖

〔晋〕陈寿,《三国志》

〔南朝宋〕范晔,《后汉书》

〔南朝宋〕刘义庆,《世说新语》

〔唐〕房玄龄等,《晋书》

〔宋〕司马光,《资治通鉴》

‖ 引用书目 ‖

钱穆,《国史大纲》上册,台北:台湾商务印书馆,一九八二年

易中天,《品三国》,上海:上海文艺出版社,二〇〇七年

张傧生,《魏晋南北朝政治史》上册,台北:中国文化大学出版部,一九八二年

劳干,《魏晋南北朝史》,台北:中国文化大学出版部,一九八〇年

祝秀侠,《三国人物新论》,香港:大文书局,一九五二年

燕京晓林、土等民,《三国赤壁之战新解》,北京:中国广播电视出版社,二〇〇八年

禚梦庵,《三国人物论集》,台北:台湾商务印书馆,一九九八年

李殿元、李绍先,《〈三国演义〉中的悬案》,成都:四川人民出版社,一九九七年

余明侠,《诸葛亮评传》,南京:南京大学出版社,一九九六年

陈文德,《策略规划家:诸葛亮大传》,台北:远流出版公司,一九九七年

杨耀坤、伍野春,《陈寿、裴松之评传》,南京:南京大学出版社,一九九八年

张作耀,《曹操评传》,南京:南京大学出版社,二〇〇一年